GOTTFRIED WILHELM LEIBNIZ

Unvorgreifliche Gedanken,

betreffend die Ausübung und Verbesserung der deutschen Sprache

ZWEI AUFSÄTZE

HERAUSGEGEBEN VON UWE PÖRKSEN

KOMMENTIERT VON UWE PÖRKSEN
UND JÜRGEN SCHIEWE

PHILIPP RECLAM JUN. STUTTGART

Universal-Bibliothek Nr. 7987[2]
Alle Rechte vorbehalten. © 1983 Philipp Reclam jun., Stuttgart
Gesamtherstellung: Reclam, Ditzingen. Printed in Germany 1983
ISBN 3-15-007987-X

Inhalt

Unvorgreifliche Gedanken,
betreffend die Ausübung und Verbesserung der deutschen Sprache

1. Es ist bekannt, daß die Sprache ein Spiegel des Verstandes ist und daß die Völker, wenn sie den Verstand hoch schwingen, auch zugleich die Sprache wohl ausüben, welches der Griechen, Römer und Araber Beispiele zeigen.

2. Die deutsche Nation hat unter allen christlichen den Vorzug wegen des Heiligen Römischen Reichs, dessen Würde und Rechte sie auf sich und ihr Oberhaupt gebracht, welchem die Beschirmung des wahren Glaubens, die Vogtei der allgemeinen Kirche und die Beförderung des Besten der ganzen Christenheit obliegt; weshalb auch der Vorsitz über andere hohe Häupter ihm unzweifelhaft gebührt und ihm unstreitig gelassen worden ist.

3. Deswegen haben die Deutschen sich desto mehr anzugreifen [anzustrengen], daß sie sich dieser ihrer Würde würdig zeigen und es den andern nicht weniger an Verstand und Tapferkeit zuvortun mögen, als sie ihnen an Ehren und Hoheit ihres Oberhaupts vorgehen. Dergestalt können sie die Mißgünstigen beschämen und ihnen wider ihren Dank [Willen] eine innerliche Überzeugung, wo nicht äußerliches Bekenntnis der deutschen Vortrefflichkeit abdringen; ut qui confessos animo quoque subjugat hostes, als Sieger, der dem Feind auch sein Gemüt gewonnen.[1]

4. Nachdem die Wissenschaft zur Stärke gekommen und die Kriegszucht in Deutschland aufgerichtet worden, hat sich die deutsche Tapferkeit zu unsern Zeiten gegen

morgen- und abendländische Feinde, durch große von
Gott verliehene Siege wiederum merklich gezeigt, da
auch meistenteils die gute Partei durch Deutsche gefoch-
ten hat. Nun ist zu wünschen, daß auch der Deutschen
Verstand nicht weniger obsiegen und den Preis erhalten
möge; welches ebenmäßig durch gute Anordnung und
fleißige Übung geschehen muß.[2] Man will all das, so
daran hängt, jetzt nicht abhandeln, sondern allein bemer-
ken, daß die rechte Verstandesübung sich finde nicht nur
zwischen Lehrenden und Lernenden, sondern auch vornehmlich im gemeinen Leben unter der großen Lehrmei-
sterin, nämlich der Welt oder Gesellschaft, vermittelst
der Sprache, so die menschlichen Gemüter zusammen-
fügt.

5. Es ist aber bei dem Gebrauch der Sprache auch dieses
sonderlich zu betrachten, daß die Worte nicht nur der
Gedanken, sondern auch der Dinge Zeichen sind, und
daß wir Zeichen nötig haben, nicht nur unsere Meinung
andern anzudeuten, sondern auch unsern Gedanken
selbst zu helfen. Denn gleichwie man in großen Handels-
städten, auch im Spiel und sonst nicht allezeit Geld zahlt,
sondern sich an dessen Statt der Zettel oder Marken bis
zur letzten Abrechnung oder Zahlung bedient, also tut
auch der Verstand, zumal wenn er viel zu denken hat,
mit den Bildnissen der Dinge, daß er nämlich Zeichen
dafür braucht, damit er nicht nötig habe, die Sache
jedesmal sooft sie vorkommt, von neuem zu bedenken.
Daher begnügt er sich, wenn er sie einmal wohl gefaßt,
hernach oft, nicht nur in äußerlichen Reden, sondern
auch in den Gedanken und im innerlichen Selbstgespräch
das Wort an die Stelle der Sache zu setzen.

6. Und gleichwie ein Rechenmeister, der keine Zahl

schreiben wollte, deren Halt [Wert] er nicht zugleich
bedächte und gleichsam an den Fingern abzählte, wie
man die Uhr zählt, nimmer mit der Rechnung fertig
werden würde, also würde man, wenn man im Reden
und auch selbst im Denken kein Wort sprechen wollte,
ohne sich ein eigentliches Bildnis von dessen Bedeutung
zu machen, überaus langsam sprechen oder vielmehr
verstummen müssen, auch den Lauf der Gedanken notwendig hemmen und also im Reden und Denken nicht
weit kommen.

7. Daher braucht man oft die Worte als Ziffern oder als
Rechenpfennige anstatt der Bildnisse und Sachen, bis
man stufenweise zum Fazit schreitet und beim Vernunft-
schluß zur Sache selbst gelangt. Hieraus erscheint, ein
wie Großes daran gelegen ist, daß die Worte als Vorbilder und gleichsam als Wechselzettel des Verstandes wohl
gefaßt, wohl unterschieden, zulänglich, häufig, leichtfließend und angenehm sind.

8. Es haben die Wißkünstler – wie man die, so mit der
Mathematik beschäftigt, nach der Holländer Beispiel gar
füglich nennen kann – eine Erfindung der Zeichenkunst,
davon die sogenannte Algebra nur ein Teil ist. Damit
findet man heutzutage Dinge aus, so die Alten nicht
haben erreichen können, und dennoch besteht die ganze
Kunst in nichts als im Gebrauch wohl angebrachter
Zeichen. Die Alten haben mit der Kabbala[3] viel Wesens
gemacht und Geheimnisse in den Worten gesucht; und
die würden sie in der Tat in einer wohlgefaßten Sprache
finden, welche nicht nur der Wißkunst, sondern allen
Wissenschaften, Künsten und Geschäften dient. Man hat
demnach die Kabbala oder Zeichenkunst nicht nur in den
hebräischen Sprachgeheimnissen, sondern auch bei einer

jeden Sprache nicht zwar in gewissen buchstäblichen
Deuteleien, sondern im rechten Verstand und Gebrauch
der Worte zu suchen.

9. Ich finde, daß die Deutschen ihre Sprache bereits
hoch gebracht in allem dem, so mit den fünf Sinnen zu
begreifen ist und auch dem gemeinen Mann vorkommt;
absonderlich in leiblichen Dingen, auch in Kunst- und
Handwerkssachen; es sind nämlich die Gelehrten fast
allein mit dem Latein beschäftigt gewesen, und die Muttersprache wurde dem gemeinen Lauf überlassen; nichts-
destoweniger ist sie auch von den sogenannten Ungelehr-
ten nach Lehre der Natur gar wohl getrieben worden.
Und ich halte dafür, daß es keine Sprache in der Welt
gibt, die zum Exempel von Erz- und Bergwerken reicher
und nachdrücklicher rede als die deutsche. Dergleichen
kann man von allen andern gemeinen Lebens-Arten und
Professionen sagen, als von Jagd- und Waidwerk, von
der Schiffahrt und dergleichen; denn alle die Europäer,
so auf dem großen Weltmeer fahren, haben die Namen
der Winde und viele andere Seeworte von den Deutschen, nämlich von den Sachsen, Normannen, Osterlin-
gen[4] und Niederländern entlehnt.

10. Es ereignet sich aber einiger Abgang bei unserer
Sprache in den Dingen, so man weder sehen noch fühlen,
sondern allein durch Betrachtung erreichen kann: als bei
Ausdrückung der Gemütsbewegungen, auch der Tugen-
den und Laster und vieler Beschaffenheiten, die zur
Sittenlehre und Regierungskunst gehören; dann ferner
bei den noch mehr abgezogenen und abgefeimten[5]
Erkenntnissen, so die Liebhaber der Weisheit in ihrer
Denkkunst und in der allgemeinen Lehre von den Din-
gen unter dem Namen der Logik und Metaphysik auf die

Bahn bringen. Dies alles ist dem gemeinen deutschen Mann etwas entlegen und nicht so üblich, da hingegen der Gelehrte und Hofmann sich des Lateins oder anderer fremder Sprachen in dergleichen f a s t a l l e i n und insoweit z u v i e l beflissen, so daß es den Deutschen nicht am Vermögen, sondern am Willen gefehlt, ihre Sprache durchgehends zu erheben. Denn weil alles, was der gemeine Mann treibt, wohl in Deutsch gegeben, so ist kein Zweifel, daß dasjenige, so vornehmen und gelehrten Leuten mehr vorkommt, von diesen, wenn sie gewollt, auch sehr wohl, wo nicht besser, in reinem Deutsch hätte gegeben werden können.

11. Nun wäre zwar dieser Mangel bei den logischen und metaphysischen Kunstwörtern noch in etwas zu verschmerzen, ja ich habe es zuzeiten unserer ansehnlichen Hauptsprache zum Lobe angezogen, daß sie nichts als rechtschaffene Dinge sage und ungegründete Grillen nicht einmal nennen kann. Daher habe ich bei den Italienern und Franzosen zu rühmen gepflegt: wir Deutschen hätten einen sonderbaren Probierstein der Gedanken, den andern unbekannt; und wenn sie dann begierig gewesen, etwas davon zu wissen, so habe ich ihnen bedeutet, daß es unsere Sprache selbst sei, denn was sich darin ohne entlehnte und ungebräuchliche Worte vernehmlich sagen lasse, das sei wirklich was Rechtschaffenes; aber leere Worte, wo nichts dahinter und gleichsam nur ein leichter Schaum müßiger Gedanken, nehme die reine deutsche Sprache nicht an.[6]

12. Allein, es ist gleichwohl an dem, daß in der Denkkunst [Logik] und in der Wesenlehre [Metaphysik] auch nicht wenig Gutes enthalten, so sich durch alle anderen Wissenschaften und Lehren ergießt, als: wenn man

daselbst handelt von Begrenzung, Einteilung, Schluß-
form, Ordnung, Grundregeln und ihnen entgegengesetz-
ten falschen Streichen; von der Dinge Gleichheit und
Unterschied, Vollkommenheit und Mangel, Ursache und
Wirkung, Zeit, Ort und Umständen und sonderlich von
der großen Musterrolle aller Dinge unter gewissen
Hauptstücken, so man Prädikamente [Kategorien][7] nennt.
Unter all diesem ist viel Gutes, womit die deutsche
Sprache allmählich zu bereichern wäre.

13. Sonderlich aber steckt die größte natürliche Weisheit
in der Erkenntnis Gottes, der Seelen und Geister aus dem
Licht der Natur, die nicht allein sich hernach in die
offenbarte Gottesgelehrtheit mit einverleibt, sondern
auch einen unbeweglichen Grund legt, worauf die
Rechtslehre sowohl vom Rechte der Natur als der Völker
insgemein und insonderheit auch die Regierungskunst
samt den Gesetzen aller Lande zu bauen ist. Ich finde
aber hierin die deutsche Sprache noch etwas mangelhaft
und zu verbessern.

14. Zwar ist nicht wenig Gutes auch zu diesem Zweck in
den geistreichen Schriften einiger tiefsinnigen Gottesgelehrten[8] anzutreffen; ja selbst diejenigen, die sich etwas
zu den Träumen der Schwärmer geneigt, brauchen
gewisse schöne Worte und Reden, die man als güldene
Gefäße der Ägypter ihnen abnehmen, von der Be-
schmutzung reinigen und dem rechten Gebrauch wid-
men könnte; welchergestalt wir den Griechen und Latei-
nern hierin selbst würden Trotz bieten können.

15. Am allermeisten aber ist unser Mangel, wie gedacht[9], bei den Worten zu spüren, die sich auf das Sitten-
wesen, die Leidenschaften des Gemüts, den gemein-
lichen Wandel, die Regierungssachen und allerhand

bürgerliche Lebens- und Staatsgeschäfte beziehen, wie man wohl befindet, wenn man etwas aus andern Sprachen in die unsrige übersetzen will. Und weil solche Worte und Reden am meisten vorfallen und zum täglichen Umgang wackerer Leute sowohl, als zur Briefwechslung zwischen denselben erfordert werden, so hätte man vornehmlich auf deren Ersetzung oder, wenn sie schon vorhanden, aber vergessen und unbekannt, auf deren Wiederbringung zu gedenken, und wo sich dergleichen nicht ergeben will, einigen guten Worten der Ausländer das Bürgerrecht zu verstatten.

16. Es ist demnach die Meinung nicht, daß man in der Sprache zum Puritaner werde und mit einer abergläubischen Furcht ein fremdes, aber bequemes Wort als eine Todsünde vermeide, dadurch aber sich selbst entkräfte und seiner Rede den Nachdruck nehme; denn solche allzu große Scheinreinigkeit ist einer durchbrochenen Arbeit zu vergleichen, daran der Meister so lange feilt und bessert, bis er sie endlich gar schwächt, welches denen geschieht, die an der Perfektiekrankheit, wie es die Holländer nennen, darnieder liegen.

17. Ich erinnere mich, gehört zu haben, daß, wie in Frankreich auch dergleichen Reindünkler[10] aufgekommen – welche in der Tat, wie Verständige jetzt erkennen, die Sprache nicht wenig ärmer gemacht –, da soll die gelehrte Jungfrau von Gournay, des berühmten Montaigne Pflegetochter, gesagt haben: was diese Leute schrieben, wäre eine Suppe von klarem Wasser (un bouillon d'eau claire)[11], nämlich ohne Unreinigkeit und ohne Kraft.

18. So hat auch die italienische Gesellschaft der Crusca[12] oder des Beuteltuchs, welche die bösen Worte von den

guten wie die Kleie vom feinen Mehl hat scheiden wollen, durch allzu ekelhaftes [übergenaues] Verfahren ihren Zweck nicht wenig verfehlt, und sind daher die jetzigen Glieder [Mitglieder] gezwungen worden, bei der letzten Ausgabe ihres Wörterbuchs viele Wörte zur Hintertür einzulassen, die man vorher ausgeschlossen hat, weil die Gesellschaft anfangs ganz Italien an die florentinischen Gesetze binden und den Gelehrten selbst allzu enge Schranken hat setzen wollen.[13] Ich habe von einem vornehmen Glied derselbigen, so selbst ein Florentiner, gehört, daß er in seiner Jugend auch mit solchem toskanischen Aberglauben behaftet gewesen, nunmehr aber sich dessen entschüttet [entledigt] habe.

19. Also ist auch gewiß, daß einige der Herren Fruchtbringenden und Glieder der anderen Deutschen Gesellschaften hierin zu weit gegangen und dadurch andere gegen sich ohne Not erregt haben, zumal sie den Stein auf einmal haben heben wollen und alles Krumme schlicht und gerade zu machen gemeint, welches wie bei ausgewachsenen Gliedern unmöglich ist.[14]

20. Jetzt scheint es, daß bei uns das Übel ärger geworden, und es hat der Mischmasch abscheulich überhandgenommen, also daß der Prediger auf der Kanzel, der Sachwalter auf der Kanzlei, der Bürgersmann im Schreiben und Reden mit erbärmlichem Französisch sein Deutsch verdirbt; mithin will es fast das Ansehen gewinnen, wenn man so fortfährt und nichts dagegen tut, es werde Deutsch in Deutschland selbst nicht weniger verlorengehen als das Angelsächsische in England.[15]

21. Gleichwohl wäre es ewig Schade und Schande, wenn unsere Haupt- und Heldensprache dergestalt durch unsere Fahrlässigkeit zugrunde gehen sollte, so fast

nichts Gutes schwanen machen dürfte, weil die Annehmung einer fremden Sprache gemeiniglich den Verlust der Freiheit und ein fremdes Joch mit sich geführt hat.

22. Es würde auch die unvermeidliche Verwirrung bei solchem Übergang zu einer neuen Sprache hundert und mehr Jahre über dauern, bis alles Aufgerührte sich wieder gesetzt und wie ein Getränk, das gegoren, endlich aufgeklärt. Inzwischen müssen von der Ungewißheit im Reden und Schreiben notwendig auch die deutschen Gemüter nicht wenig Verdunkelung empfinden, weil die meisten doch die Kraft der fremden Worte eine lange Zeit über nicht recht fassen, also elend schreiben und übel denken würden; wie denn die Sprachen nicht anders als bei einer einfallenden Barbarei oder Unordnung oder fremder Gewalt sich merklich verändern.

23. Gleichwie nun gewissen gewaltsamen Wasserschüssen und Einbrüchen der Ströme nicht sowohl durch einen steifen Damm und Widerstand, als durch etwas, so anfangs nachgibt, hernach aber allmählich sich setzt und fest wird, zu steuern ist, also wäre es auch hierin vorzunehmen gewesen. Man hat aber gleich auf einmal den Lauf des Übels hemmen und alle fremden, auch sogar eingebürgerte Worte ausbannen wollen. Dawider hat sich die ganze Nation, Gelehrte und Ungelehrte, gesträubt und das sonst zum Teil gute Vorhaben fast zu Spott gemacht, daß also auch dasjenige nicht erhalten worden, so wohl zu erhalten gewesen, wenn man etwas gelinder verfahren wäre.

24. Wie es mit der deutschen Sprache hergegangen, kann man aus den Reichsabschieden[16] und anderen deutschen Handlungen sehen. Im Jahrhundert der Reformation redete man ziemlich rein deutsch, außer weniger italieni-

scher, zum Teil auch spanischer Worte, so vermittelst des kaiserlichen Hofes und einiger fremder Bedienten zuletzt eingeschlichen sind, dergleichen auch die Franzosen bei sich zur Zeit der Katharina vom Hause Medici[17] gespürt und damals mit eigenen Schriften geahndet haben, wie denn etwas dagegen von Henricus Stephanus[18] geschrieben worden. Solches aber, wenn es mäßiglich geschieht, ist weder zu ändern, noch eben zu sehr zu tadeln, zuzeiten auch wohl zu loben, zumal wenn neue und gute Sachen zusamt ihren Namen aus der Fremde zu uns kommen.

25. Allein wie der Dreißigjährige Krieg eingerissen und überhandgenommen, da ist Deutschland von fremden und einheimischen Kriegsvölkern wie mit einer Wasserflut überschwemmt worden und nicht weniger unsere Sprache als unser Gut in die Rappuse gegangen [der Vernichtung verfallen]; und man sieht, wie die Reichsakten solcher Zeit mit Worten angefüllt sind, deren sich freilich unsere Vorfahren geschämt haben würden.

26. Bis dahin nun war Deutschland zwischen den Italienern, so kaiserlich, und den Franzosen, als schwedischer Partei, gleichsam in der Waage gestanden. Aber nach dem Münsterschen und Pyrenäischen Frieden[19] hat sowohl die französische Macht als Sprache bei uns überhandgenommen. Man hat Frankreich gleichsam zum Muster aller Zierlichkeit aufgeworfen, und unsere jungen Leute, auch wohl junge Herren selbst, so ihre eigene Heimat nicht gekannt und deswegen alles bei den Franzosen bewundert, haben ihr Vaterland nicht nur bei den Fremden in Verachtung gesetzt, sondern auch selbst verachten helfen und einen Ekel der deutschen Sprache und Sitten aus Unerfahrenheit angenommen, der auch an

ihnen bei zuwachsenden Jahren und Verstand hängen
geblieben. Und weil die meisten dieser jungen Leute
hernach, wo nicht durch gute Gaben, so bei einigen nicht
gefehlt, doch wegen ihrer Herkunft und ihres Reichtums
oder durch andere Gelegenheiten zu Ansehen und vornehmen Ämtern gelangt, haben solche Franzgesinnte
viele Jahre über Deutschland regiert, und dieses fast, wo
nicht der französischen Herrschaft – daran es zwar auch
nicht viel gefehlt –, doch der französischen Mode und
Sprache unterwürfig gemacht; ob sie gleich sonst dem
Staat nach gute Patrioten geblieben, und zuletzt
Deutschland vom französischen Joch, wiewohl kümmer-
lich, noch erretten helfen.

27. Ich will doch gleichwohl gern jedermann recht tun
und also nicht in Abrede stellen, daß mit diesem Fran-
zenzen und Fremdenzen [Übernehmen von Französischem
und Fremdem] auch viel Gutes bei uns eingeführt worden;
man hat gleichwie von den Italienern die gute Vorsorge
gegen ansteckende Krankheiten, also von den Franzosen
eine bessere Kriegsanstalt erlernt, darin ein freiherr-
schender großer König[20] anderen am besten hat vorgehen können; man hat mit einiger Munterkeit im Wesen
die deutsche Ernsthaftigkeit gemäßigt und sonderlich
eines und anderes in der Lebensart etwas besser zur
Zierde und Wohlstand, auch wohl zur Bequemlichkeit
eingerichtet und, soviel die Sprache selbst betrifft, einige
gute Redensarten als fremde Pflanzen in unsere Gärten
selbst versetzt.

28. Wenn wir nun deshalb etwas mehr als bisher deutsch
gesinnt werden wollten und den Ruhm unserer Nation
und Sprache etwas mehr beherzigen möchten, als einige
dreißig Jahre her in diesem gleichsam französischen Zeit-

wechsel (periodo) geschehen, so könnten wir das Böse
zum Guten kehren und selbst aus unserem Unglück
Nutzen schöpfen und sowohl unseren inneren Kern des
alten ehrlichen Deutschen wieder hervorsuchen, als ihn
mit dem neuen äußerlichen, von den Franzosen und
anderen gleichsam erbeuteten Schmuck ausstaffieren.

29. Es finden sich hin und wieder brave Leute, die
sonderbare [besondere] Lust und Liebe zeigen zur Verbesserung und Untersuchung des Deutschen. So sind auch
deren nicht wenige, die sehr gut deutsch schreiben und
sowohl rein als nachdrücklich zu geben wissen, was
sonst schwer und in unserer Sprache wenig getrieben.
Neulich hat ein gelehrter, wohlmeinender Mann[21] ein
Register von Büchern gemacht, darin allerhand Wissenschaften gar wohl in Deutsch verhandelt worden sind;
ich finde auch, daß oft in Staatsschriften jetziger Deutscher zu Regensburg[22] und anderswo etwas Besonderes
und Nachdenkliches hervorblickt, welches, wenn es vom
überflüssigen Fremden, als von angespritzten Flecken,
nach Notdurft [Notwendigkeit] und Tunlichkeit gesäubert
würde, unserer Sprache einen herrlichen Glanz geben
sollte.

30. Weil aber die Sache von einem großen Begriff
[Umfang], so scheint selbige zu bestreiten etwas Größeres
als Privatanstalt nötig und würde demnach dem ganzen
Werk nicht besser noch nachdrücklicher als mittelst einer
gewissen Versammlung oder Vereinigung aus Anregung
eines hocherleuchteten vornehmen Haupts, mit gemeinem Rat und gutem Verständnis zu helfen sein.

31. Das Hauptabsehen wäre zwar der Flor des geliebten
Vaterlandes deutscher Nation, sein besonderer Zweck
aber und das Vornehmen dieser Anstalt wäre auf die

deutsche Sprache zu richten, wie nämlich solche zu verbessern, auszuzieren und zu untersuchen.[23]

32. Der Grund und Boden einer Sprache sind die Worte, worauf die Redensarten gleichsam als Früchte hervorwachsen, woher denn folgt, daß eine der Hauptarbeiten, deren die deutsche Hauptsprache bedarf, sein würde eine Musterung und Untersuchung aller deutschen Worte, welche, dafern sie vollkommen, nicht nur auf diejenigen gehen soll, die jedermann braucht, sondern auch auf die, so gewissen Lebensarten und Künsten eigen. Und nicht nur auf die, so man Hochdeutsch nennt und die im Schreiben jetzt allein herrschen, sondern auch auf Plattdeutsch, Märkisch, Obersächsisch, Fränkisch, Bayrisch, Österreichisch, Schlesisch, Schwäbisch oder was sonst hin und wieder bei dem Landmann mehr als in den Städten bräuchlich. Auch nicht nur, was in Deutschland in Übung, sondern auch, was von deutscher Herkunft im Holländischen und Engländischen ist, wozu auch vornehmlich die Worte der Norddeutschen, das ist der Dänen, Norweger, Schweden und Isländer (bei welchen letzteren sonderlich viel von unserer uralten Sprache geblieben) zu ziehen wären. Und letztlich nicht nur auf das, so noch in der Welt geredet wird, sondern auch, was verlegen und abgegangen, nämlich das Altgotische, Altsächsische und Altfränkische, wie sich's in uralten Schriften und Reimen findet, daran der treffliche Opitz selbst zu arbeiten gut gefunden.[24] Denn anders ist zu den wahren Ursprüngen nicht zu gelangen, welche oft die gemeinen Leute mit ihrer Aussprache zeigen: man sagt, es habe dem Kaiser Maximilian I. einmal sonderlich wohl gefallen, als er aus der Aussprache der Schweizer ver-

nommen, daß *Habsburg* nichts anderes als *Habichtsburg*
sagen wolle.

33. Nur wäre freilich hierunter ein großer Unterschied
zu machen, mithin was durchgehends in Schriften und
Reden wackerer Leute üblich, von den Kunst- und
Landworten [Fachausdrücken und Provinzialismen][25], auch
fremden und veralteten zu unterscheiden. Anderer Man-
nigfaltigkeiten des Gebräuchlichen selbst jetzt zu
geschweigen, wären dazu besondere Werke nötig, nämlich ein eigenes Buch für durchgehende Worte, ein anderes für Kunstworte, und letztlich eines für alte und
Landworte und solche Dinge, so zur Untersuchung des
Ursprungs und Grundes dienen, deren erstes man
Sprachbrauch, auf lateinisch Lexikon, das andere Sprachschatz oder cornu copiae, das dritte Glossarium Etymologicum oder Sprachquell nennen möchte.

34. Es ist zwar auch an dem und versteht sich von selbst,
daß die wenigsten derer, so an Verbesserung der Sprache
arbeiten wollten, sich des Altfränkischen und des außer
Deutschland in Norden und Westen gleichsam wallfah-
renden deutschen Sprachrestes, so wenig als der Waidsprüche [formelhaften Ausdrucksweisen][26] der Künstler und
Handwerker und der Landworte des gemeinen Mannes,
anzunehmen haben würden; weil solches für eine gewisse
Art der Gelehrten und Liebhaber allein gehört.

35. Allein es gehört doch gleichwohl dieses alles zur
vollkommenen Ausarbeitung der Sprache, und man muß
bekennen, daß die Franzosen hierin glücklich sind,
indem sie mit allen drei oberwähnten Werken so ziemlich
in ihrer Sprache nunmehr versehen, indem die sogenannte französische Akademie nicht allein ihr lang ver-
sprochenes Hauptbuch der läufigen Worte herausge-

geben, sondern auch, was für die Künste gehört, von Furetiere angefangen und von einem anderen Glied der Akademie fortgesetzt worden. Und ob schon darin übermäßig viele Fehler und Mängel, so ist doch auch sehr viel Gutes darunter enthalten. Diesem ist das herrliche Werk des hochgelehrten Menage, wie es nun vermehrt, beizufügen, welcher den Ursprung der Worte untersucht, und also auch das Veraltete, auch zuzeiten das Bäurische, herbeigezogen.[27]

36. Es ist bekannt, daß die italienische Sprachgesellschaft, die sich von der Crusca[28] genannt, anfangs bald auf ein Wörterbuch bedacht gewesen. Und als der Kardinal Richelieu[29] die französische Akademie aufgerichtet, hat er ihr auch sofort ein solches zur Arbeit aufgegeben. Sie waren aber beiderseits nur auf läufige Worte bedacht und vermeinten die Kunstwörter an die Seite zu setzen, wie auch die Crusca wirklich getan; ich habe aber in Frankreich selbst etlichen vornehmen Gliedern meine wenige Meinung gesagt, daß solches nicht wohl getan, es sei zwar den Italienern als Vorgängern zugut zu halten; aber von einer Versammlung so vieler trefflicher Leute in einem blühenden Königreiche unter einem so mächtigen König werde ein mehreres erwartet, inmaßen durch Erklärung der Kunstworte die Wissenschaften selbst erläutert und befördert würden, welches auch einige wohl begriffen.

37. Weil sie aber inzwischen bei der angefangenen Arbeit geblieben, hat einer unter ihnen, Furetiere genannt, sich aus eigener Lust über die Kunstworte zugleich mit gemacht, welches die Akademie übel genommen und sein Werk verhindert, und da es in Holland herausgekommen, einem andern aus ihrer Mitte

dergleichen aufgetragen; also daß die Leidenschaften zuwege gebracht, was die Vernunft nicht hat erhalten können.[30]

38. Als mir nun auch vor einigen Jahren Nachricht gegeben worden, daß die Engländer ebenmäßig mit einem großen Werk[31] umgingen, so dem französischen damals noch nicht erschienenen Wörterbuch nicht weichen [nachstehen] sollte, habe ich sofort angehalten, daß sie auch auf Kunstworte denken möchten, mit dem Bedeuten, ich hätte Nachricht erhalten, daß die Franzosen sich auch in diesem Stück eines Bessern bedacht; ich vernehme auch nunmehr, daß die Engländer wirklich mit dergleichen jetzt begriffen sind.

39. Ich hoffe auch, daß die Welschen [Italiener], um andern nicht nachzugeben, endlich nicht weniger diesen ihren Abgang ersetzen dürften, zumal ich selbst bei guten Freunden deswegen Anregung zu tun die Freiheit genommen. Und wenn man dergestalt die Technica oder Kunstworte vieler Nationen beisammen hätte, ist kein Zweifel, daß durch deren Gegeneinanderhaltung den Künsten selbst ein großes Licht angezündet werden dürfte, weil in einem Lande diese, in dem andern die andern Künste besser getrieben werden und jede Kunst an ihrem Ort und Sitz mehr mit besondern Namen und Redensarten versehen.

40. Und weil, wie oberwähnt[32], die Deutschen sich über alle anderen Nationen in den Wirklichkeiten der Natur und Kunst so vortrefflich erwiesen, so würde ein deutsches Werk der Kunstworte einen rechten Schatz guter Nachrichten in sich begreifen und sinnreichen Personen, denen es bisher an solcher Kunde gemangelt, oft Gelegenheit zu schönen Gedanken und Erfindungen geben.

Denn weil, wie oberwähnt[33], die Worte den Sachen antworten, kann es nicht fehlen: es muß die Erläuterung ungemeiner [ungewöhnlicher] Worte auch die Erkenntnis unbekannter Sachen mit sich bringen.

41. Was auch ein wohl ausgearbeitetes Glossarium Etymologicum oder Sprachquell für schöne Dinge in sich halten würde, wo nicht zum menschlichen Gebrauch, doch zur Zierde und Ruhm unserer Nation und Erklärung des Altertums und der Historien, ist nicht zu sagen; wenn nämlich Leute wie Schottel, Prasch oder Morhof bei uns oder wie Menage bei den Franzosen und ebendieser mit dem Ferrari bei den Welschen, Spelman in England, Worm oder Verhel bei den Nordländern sich darüber machten.[34]

42. Es ist handgreiflich und zugestanden, daß die Franzosen, Welschen und Spanier (der Engländer, so halb Deutsch, zu geschweigen) sehr viele Worte von den Deutschen haben und also den Ursprung ihrer Sprachen guten Teils bei uns suchen müssen. Es gibt also die Untersuchung der deutschen Sprache nicht nur ein Licht für uns, sondern auch für ganz Europa, welches unserer Sprache zu nicht geringem Lob gereicht.

43. Ja, noch mehr, es findet sich, daß die alten Gallier, Kelten und auch Skythen mit den Deutschen eine große Gemeinschaft gehabt, und weil Welschland seine ältesten Einwohner nicht zur See, sondern zu Lande, nämlich von den deutschen und keltischen Völkern über die Alpen herbekommen, so folgt, daß die lateinische Sprache den uralten Deutschen ein Großes schuldig, wie sich's auch in der Tat befindet.

44. Und obzwar die Lateiner das übrige von den griechischen Kolonien bekommen haben mögen, so haben doch

sehr gelehrte Leute auch außer Deutschland wohl erwogen, daß es vorher mit Griechenland eben wie mit Italien zugegangen; mithin die ersten Bewohner desselbigen von der Donau und den angrenzenden Landen hergekommen, mit denen sich hernach Kolonien über Meer aus Kleinasien, Ägypten und Phönizien vermischt; und weil die Deutschen vor alters unter dem Namen der Goten oder auch nach etlicher Meinung der Geten, und wenigstens der Bastarnen, gegen den Ausfluß der Donau und ferner am Schwarzen Meer gewohnt und zu gewisser Zeit die jetzt genannte kleine Tartarei innegehabt und sich fast bis an die Wolga erstreckt, so ist kein Wunder, daß deutsche Worte nicht nur im Griechischen so häufig erscheinen, sondern bis in die persische Sprache gedrungen, wie von vielen Gelehrten bemerkt worden. Wiewohl ich noch nicht finden kann, daß so viel Deutsches in Persien sei, als nach Elichmanns[35] Meinung vorgegeben wird.

45. Alles auch, was die Schweden, Norweger und Isländer von ihren Goten und Runen rühmen, ist unser, und arbeiten sie mit aller ihrer löblichen Mühe für uns; maßen [zumal] sie ja für nichts anderes als Norddeutsche gehalten werden können, auch von dem wohlberichteten Tacitus[36] und allen alten und mittelalten Autoren unter die Deutschen gezählt worden; mit ihrer Sprache legen sie auch selbst nichts anderes zutage, sie mögen sich krümmen und wenden wie sie wollen. Daß auch die Dänen zu Zeiten der Römer bei dem abnehmenden Reich unter dem Namen der Sachsen begriffen gewesen, kann ich aus vielen Umständen schließen.

46. Es steckt also im deutschen Altertum und sonderlich in der deutschen uralten Sprache, so über das Alter aller

griechischen und lateinischen Bücher hinaufsteigt, der
Ursprung der europäischen Völker und Sprachen, auch
zum Teil des uralten Gottesdienstes, der Sitten, Rechte
und des Adels, auch oft der alten Namen der Sachen,
Orte und Leute, wie solches teils von andern dargetan
und teils mit mehreren auszuführen.[37]

47. Daran habe ich um soviel mehr erinnern müssen,
damit desto deutlicher erscheine, ein wie großes an einem
deutschen Glossarium Etymologicum gelegen; inmaßen
mir bewußt und aus Briefen an mich selbst kund geworden, daß hochgelehrte Leute anderer Nationen (z. B.
Huetius[38]) sehr danach wünschen und wohl erkennen,
was ihnen selbst zu Erleuchtung ihrer Altertümer daran
gelegen; und daß nicht wohl andere als der deutschen
Sprache im Grund Erfahrene, also weder Engländer noch
Franzosen, wie gelehrt sie auch sind, damit zurechtkommen mögen.

48. Bei uns Deutschen aber sollte die Begierde danach
soviel größer sein, weil uns nicht allein am meisten damit
geholfen wird, sondern auch ein solches zu unserm
Ruhm gereicht, je mehr daraus erscheint, daß der
Ursprung und Brunnquell des europäischen Wesens
großenteils bei uns zu suchen. Es finden sich aber auch
täglich bei uns selbst in der Sprache allerhand erläute-
rungswürdige Dinge und Anmerkungen, so Gelegenheit
zu sonderlichem Nachdenken geben.

49. Zum Exempel, wenn man fragt, was *Welt* im Deutschen sagen wolle,[39] so muß man betrachten, daß die
Vorfahren gesagt: *Werelt*, wie sich's noch in alten
Büchern und Liedern findet, daraus erscheint, daß es
nichts anderes sei als Umkreis der Erden oder orbis
terrarum. Denn *Wirren*, *Werre*, (*Wire* bei den Englän-

dern, *Gyrus* bei den Griechen) bedeutet, was in die
Runde sich herum zieht. Und es scheint, die Wurzel
stecke im Deutschen Buchstaben *W*, der ein sanftes
Sausen und Brausen in sich hat, dergleichen von einem
solchen wirbelhaften Umdrehen und anderer freier
Bewegung, so ab- und zugeht, verursacht wird, als bei
wehen, Wind, Waage, Wogen, Wellen, Wheel oder *Rad*.
Daher auch nicht nur *Wirbel, Gewerrel* oder *Querl*, auch
wohl *Quern* (so im Altdeutschen eine Mühle bedeutet,
wie an *Quernhameln* abzunehmen [zu erkennen]), sondern
auch *bewegen, winden, wenden*, das Französische *vis*
(als: *vis sans fin*, Schraube ohne Ende), auch *Welle,
Walze*, das lateinische *volvo* und *verto, vortex*, ja der
Name der *Walen, Wallonen* oder Herumwallenden (das
ist der Gallier oder Fremden), *Wild* (das ist fremd, davon
wildfremd, Wildfangsrecht[40] etc.), von diesem aber *Wald*
und anderes mehr entstanden. Doch will man mit denen
nicht streiten, die das Wort *Wereld* von *währen* oder
dauern herführen und darunter *Saeculum* (vor alters: *ew*)
verstehen. Weil diese Dinge ohne genugsame Untersuchung zu keiner völligen Gewißheit zu bringen und die
alten deutschen Bücher den Ausschlag geben müssen.
50. Dergleichen Exempel sind nicht wenige vorhanden,
so nicht allein der Dinge Ursprung entdecken, sondern
auch zu erkennen geben, daß die Worte nicht eben so
willkürlich oder von ungefähr hervorkommen, als einige
vermeinen; wie denn nichts ungefähr in der Welt als nach
unserer Unwissenheit, wenn uns die Ursachen verbor-
gen. Und weil die deutsche Sprache vor vielen anderen
dem Ursprung sich zu nähern scheint, so sind auch die
Grundwurzeln in derselben desto besser zu erkennen,
davon auch bereits der tiefsinnige Claubergius[41] seine

eigenen Gedanken gehabt und davon etwas in einem kleinen Büchlein angezeigt.

51. Ich habe auch bereits vor vielen Jahren einen sehr gelehrten Mann[42] dahin vermocht, daß er auf die Arbeit eines sächsischen Glossariums die Gedanken gerichtet und etwas davon hinterlassen, und sind mir noch einige andere treffliche Leute bekannt, so mit dergleichen umgehen, teils auch von mir dazu gebracht worden sind, also daß wenn sie und andere durch kräftige Hilfe und nahe Zusammensetzung aufgemuntert würden, etwas Schönes hervorkommen dürfte.

52. Soviel aber einen deutschen Wörterschatz betreffen würde, gehören Leute dazu, so in der Natur der Dinge, sonderlich der Kräuter und Tiere, Feuerkunst oder Chemie, Wißkunst oder Mathematik und daran hängenden Baukünsten und andern Kunstwerken, Weberei und sogenannten Manufakturen, Handel, Schiffahrt, Berg- und Salzwerkssachen und was dergleichen mehr, erfahren. Diese Personen könnten dann, weil einer allem nicht gewachsen, solche Dinge durch gewisses Verständnis untereinander zusammenbringen und würden zumal in großen Städten die beste Gelegenheit dazu finden. Solches dürfte auch wohl vor sich gehen, wenn einige Beförderung von hoher Hand nicht ermangeln sollte.

53. Man hat bereits absonderliche [spezielle] deutsche Werke verschiedener Professionen[43], so hierin zustatten kämen und zu ergänzen wären; so würde auch, was von den Franzosen und Engländern geschehen, einige Hilfe und Anlaß zur Nachfrage geben; das meiste aber müßte von den Leuten jeder Profession selbst erfragt werden, wie ich mich denn erinnere, daß zuzeiten berühmte Prediger[44] in die Kramwinkel oder Läden und Werkstät-

ten gegangen, um die rechten Namen und Bedeutungen zu erfahren und sowohl richtig als verständig von allen Dingen zu reden.

54. Es ist auch bekannt, daß viele Worte in gemeinen Gebrauch gekommen sind, die von den Künsten entlehnt oder doch eine gewisse Bedeutung von ihnen bekommen, deren Ursache diejenigen nicht verstehen, so von solcher Kunst oder Profession nichts wissen, als zum Exempel: man sagt *Ort und Ende*, man sagt *erörtern*, die Ursache wissen wenige, allein man versteht es aus der Sprache der Bergleute; bei denen ist *Ort* soviel als Ende, soweit nämlich der Stollen, der Schacht oder die Strecke getrieben; man sagt zum Exempel: dieser Bergmann arbeitet *vor dem Ort*, das ist, wo es aufhört, daher *erörtern* nichts anderes ist als endigen[45].

55. Ich habe bei den Franzosen etwas Löbliches darin gefunden, daß auch vornehme Herren sich befleißen, von allerhand Sachen mit den eigenen Kunstwörtern zu reden, um zu zeigen, daß sie nicht gar der Sachen unwissend sind; und man hat mir erzählt, daß das Exempel des vorigen Herzogs von Orleans[46], Ludwigs XIII. Bruders, so darin Beliebung gehabt, nicht wenig dazu geholfen hat. Ein gleichmäßiges würde, wenn dergleichen Arbeit in unserer Sprache hervorkommen sollte, bei den Deutschen mehr denn bisher erfolgen und zu einer allgemeinen Wissenslust oder Kuriosität [Neugier] und zu fernerer Öffnung der Gemüter in allen Dingen nicht wenig dienen.

56. Allein ich komme nunmehr zu dem, so bei der Sprache in deren durchgehendem Gebrauch erfordert wird, worauf die Herren Fruchtbringenden, die Crusca und die französische Akademie zuerst allein gesehen und

auch anfangs am meisten zu sehen ist; insoweit ist keine
Frage von dem Ursprung und Altertum oder von verbor-
genen Nachrichten, Künsten und Wissenschaften, sondern allein vom gemeinen Umgang und gewöhnlichen
Schriften, allwo der deutschen Sprache R e i c h t u m ,
R e i n i g k e i t und G l a n z sich zeigen soll, welche drei
guten Beschaffenheiten bei einer Sprache verlangt
werden.

57. R e i c h t u m ist das erste und nötigste bei einer
Sprache und besteht darin, daß kein Mangel, sondern
vielmehr ein Überfluß erscheine an bequemen und nach-
drücklichen Worten, so zu allen Vorfälligkeiten dienlich,
damit man alles kräftig und eigentlich vorstellen und
gleichsam mit lebenden Farben abmalen könne.

58. Man sagt von den Sinesern, daß sie reich im Schreiben vermittelst ihrer vielfältigen Zeichen, hingegen arm
im Reden und an Worten, weil, wie bekannt, die Schrift
bei ihnen der Sprache nicht antwortet; und es scheint,
daß der Überfluß der Zeichen, darauf sie sich gelegt,
verursacht, daß die Sprache desto weniger angebaut worden, also daß wegen der geringen Anzahl und Zweideu-
tigkeit der Worte sie bisweilen, um sich zu erklären und
den Zweifel zu benehmen, mitten im Reden gezwungen
werden sollen, die Zeichen mit den Fingern in der Luft
zu malen.[47]

59. Es kann zwar endlich eine jede Sprache, sie sei so
arm, als sie wolle, a l l e s geben, obschon man sagt, es
wären barbarische Völker, denen man nicht bedeuten
kann, was *Gott* sagen wolle. Allein, obschon alles
endlich durch Umschweife und Beschreibung bedeutet
werden k a n n , so verliert sich doch bei solcher Weit-
schweifigkeit alle Lust, aller Nachdruck in dem, der

redet, und in dem, der hört; dieweil das Gemüt zu lange
aufgehalten wird und es herauskommt, als wenn man
einen, der viel schöne Paläste besehen will, bei einem
jeden Zimmer lange aufhalten und durch alle Winkel
herumschleppen wollte; oder wenn man rechnen wollte,
wie die Völker, die (nach der Weigelianischen Tetracty[48])
nicht über drei zählen könnten und keine Worte oder
Bezeichnung hätten für 4. 5. 6. 7. 8. 9. etc., wodurch die
Rechnung notwendig sehr langsam und beschwerlich
fallen müßte.

60. Der rechte Probierstein des Überflusses oder Man-
gels einer Sprache findet sich beim Übersetzen guter
Bücher aus anderen Sprachen. Denn da zeigt es sich, was
fehlt oder was vorhanden; daher haben die Herren
Fruchtbringenden und ihre Nachfolger wohl getan, daß
sie einige Übersetzungen vorgenommen,[49] wiewohl
nicht allemal das Beste ausgewählt worden ist.

61. Nun glaube ich zwar nicht, daß eine Sprache in der
Welt sei, die anderer Sprachen Worte jedesmal mit glei-
chem Nachdruck und auch mit e i n e m Worte geben
könne. Cicero hat den Griechen vorgeworfen, sie hätten
kein Wort, das dem Lateinischen *ineptus*[50] antworte; er
selbst aber bekennt zum öftern der Lateiner Armut. Und
ich habe den Franzosen zuzeiten gezeigt, daß wir auch
keinen Mangel an solchen Worten haben, die ohne
Umschweif von ihnen nicht übersetzt werden können.
Sie könnten nicht einmal heutzutag mit einem Wort
sagen, was wir *Reiten* oder die Lateiner *equitare* nennen;
und es fehlt weit, daß ihre Übersetzungen des Tacitus
oder anderer vortrefflicher lateinischer Schriften die bündige Kraft des Vorbilds erreichen sollten.

62. Inzwischen ist gleichwohl diejenige Sprache die

reichste und bequemste, welche am besten mit wörtlicher Übersetzung zurechtkommen kann und dem Original Fuß vor Fuß zu folgen vermag; und weil, wie oben erwähnt, bei der deutschen Sprache kein geringer Abgang hierin zu spüren, zumal in gewissen Materien, absonderlich, da der Wille und willkürliches Tun der Menschen einläuft, so hätte man mit gesamter Hand daran sich zu machen, daß man diesfalls anderen zu weichen nicht mehr nötig haben möge.

63. Solches könnte geschehen durch Aufsuchung guter Wörter, die schon vorhanden, aber jetzt, weil sie wenig beobachtet werden, zu rechter Zeit nicht beifallen, ferner durch Wiederbringung alter verlorener Worte, so von besonderer Güte; auch durch Einbürgerung oder Naturalisierung fremder Benennungen, wo sie solches sonderlich verdienen, und letztens, wo kein anderes Mittel, durch wohlbedächtliche Erfindung oder Zusammensetzung neuer Worte, so vermittelst des Urteils und Ansehens einer ganzen Gesellschaft und anderer wackerer Leute in Schwang gebracht werden müßten.

64. Es sind nämlich viel gute Worte in den deutschen Schriften sowohl der Fruchtbringenden als anderer, die mit Nutzen zu gebrauchen; aber darauf besinnt man im Notfall sich nicht. Ich erinnere mich, ehemals bei einigen gemerkt zu haben, daß sie das französische *tendre*, wenn es vom Gemüt verstanden wird, durch *innig* oder *herzinnig* bei gewissen Gelegenheiten nicht übel gegeben. Die alten Deutschen haben *Innigkeit* für *Andacht* gebraucht. Nun will ich zwar nicht sagen, daß dieses deutsche Wort bei allen Gelegenheiten für das französische treten könne; nichtsdestominder ist es doch wert, angemerkt zu werden, damit es sich bei guter Gelegenheit angäbe.

65. Solches zu erreichen, wäre gewissen gelehrten Leuten aufzutragen, daß sie eine Besichtigung, Musterung und Ausschuß anstellen, und diesfalls in guten deutschen Schriften sich ersehen [umschauen] möchten, als sonderlich in des Opitzens Werken, welche nicht nur in Versen herausgekommen, sondern auch in freier Rede, dergleichen seine Hercynia, seine Übersetzung der Argenis und Arcadia.[51] Es wäre auch hauptsächlich zu gebrauchen eines durchlauchtigsten Autoren Aramena und Octavia,[52] die Übersetzungen des Herrn von Stubenberg[53] und mehr dergleichen, wie denn auch Zesens Ibrahim Bassa, Sophonisbe,[54] und andere seiner Schriften mit Nutzen dazugezogen werden könnten, obschon dieser sinnreiche Mann etwas zu weit gegangen. Man kann auch in weit schlechteren Büchern viel Dienliches finden; also könnte man zwar von den Besten anfangen, hernach aber auch andere von geringerem Schlag zu Hilfe nehmen.

66. Ferner wäre auf die Wiederbringung vergessener und verlegener, aber an sich selbst guter Worte und Redensarten zu denken, zu welchem Ende die Schriften des vorigen Säculums, die Werke Luthers und anderer Theologen, die alten Reichshandlungen [Beschlußfassungen der Reichsstände], die Landesordnungen und Willküre [Erlasse][55] der Städte, die alten Notariatbücher und allerhand geistliche und weltliche Schriften, sogar der Reineke Voß, die Froschmäuseler, der deutsche Rabelais, der übersetzte Amadis, der österreichische Theuerdank, der bayrische Aventin, der schweizerische Stumpf und Paracelsus, der nürnbergische Hans Sachs und andere Landsleute nützlich zu gebrauchen.[56]

67. Und ich erinnere mich bei Gelegenheit der Schweizer, ehemals eine gute alte deutsche Redensart dieses

Volks bemerkt zu haben, die unseren besten Sprachver-
besserern nicht leicht beifallen sollte. Ich frage zum
Exempel, wie man *foedus defensivum & offensivum* kurz
und gut in Deutsch geben solle; ich zweifle nicht, daß
unsere heutigen wackeren Verfasser guter deutscher
Werke keinen Mangel an richtiger und netter Übersetz-
zung dieser zum Völkerrecht gehörigen Worte spüren
lassen würden; ich zweifle aber, ob irgendeine der neuen
Übersetzungen angenehmer und nachdrücklicher ausfal-
len werde als die schweizerische: *Schutz- und Trutzver-
bündnis*.

68. Was die Einbürgerung betrifft, ist solche bei guter
Gelegenheit nicht auszuschlagen und den Sprachen so
nützlich als den Völkern. Rom ist durch Aufnehmung
der Fremden groß und mächtig geworden, Holland ist
durch Zulauf der Leute wie durch den Zufluß seiner
Ströme aufgeschwollen; die englische Sprache hat alles
angenommen, und wenn jedermann das Seinige abfor-
dern wollte, würde es den Engländern gehen wie der
äsopischen Krähe,[57] da andere Vögel ihre Federn wieder-
geholt. Wir Deutschen haben es weniger vonnöten als
andere, müssen uns aber dieses nützlichen Rechts nicht
gänzlich begeben.

69. Es sind aber in der Einbürgerung gewisse Stufen zu
beobachten, denn gleichwie diejenigen Menschen leichter aufzunehmen, deren Glauben und Sitten den unsern
näher kommen, also hätte man eher in der Zulassung
derjenigen fremden Worte einzuwilligen, so aus den
Sprachen deutschen Ursprungs und sonderlich aus dem
Holländischen übernommen werden könnten, als deren,
so aus der lateinischen Sprache und ihren Töchtern her-
geholt.

70. Und obzwar das Englische und Nordische etwas mehr von uns entfernt als das Holländische, und mehr zur Untersuchung des Ursprungs als zur Bereicherung der Sprache dienen möchte, so wäre doch gleichwohl unverboten, sich auch ihrer zu diesem Zweck in einem und anderem nützlich zu bedienen.

71. Was aber das Holländische betrifft, würden unsere Deutschen zumal guten Fug und Macht haben, durch gewisse Abgeordnete das Recht der Mutterstadt von dieser deutschen Pflanze oder Kolonie einzusammeln und zu dem Ende durch kundige Leute die holländische Sprache und Schriften untersuchen und gleichsam wardieren [abschätzen][58] zu lassen, damit man sehe, was davon zu fordern und was bequem und passend ist, dem Hochdeutschen einverleibt zu werden. Dergleichen ist auch von den Plattdeutschen und anderen Mundarten zu verstehen, wie denn zum Exempel der Plattdeutsche *Schlump*[59], da man sagt, es ist nur ein Schlump, was die Franzosen *hazard* nennen, oft nicht übel anzubringen ist.

72. Es ist sonst bekannt, daß die Holländer ihre Sprache sehr ausgeputzt, daß Opitz sich den Heinsius, Cats und Groot und andere vortreffliche Holländer wohl zunutz gemacht, daß Vondel[60] und andere es noch höher gebracht und daß jetzt viele unter ihnen mit großer Sorgfalt sich der Reinigkeit befleißen und doch ihre Meinung ziemlich auszudrücken wissen, also uns mit ihren Schriften wohl an die Hand gehen werden.

73. Die lateinischen, französischen, italienischen und spanischen Worte anlangend – denn vor den griechischen haben wir uns nicht zu fürchten –, so gehört die Frage, ob und wie weit deren Einbürgerung tunlich und ratsam

ist, zu dem Punkt von der Reinigkeit der Sprache, denn darin sucht man eben zum Teil die Reinigkeit des Deutschen, daß es von dem überflüssigen fremden Mischmasch gesäubert werde.

74. Erdenkung neuer Worte oder eines neuen Gebrauchs alter Worte wäre das letzte Mittel zur Bereicherung der Sprache. Es stehen nun die neuen Worte gemeiniglich in einer Gleichheit mit den alten, welche man Analogie, das ist Ebenmaß, nennt, und sowohl in der Zusammensetzung als Abführung (compositione et derivatione)[61] in Obacht zu nehmen hat.

75. Je mehr nun die Gleichheit beobachtet wird, und je weniger man sich von dem, so bereits in Übung, entfernt, je mehr auch der Wohlklang und eine gewisse Leichtigkeit der Aussprache dabei stattfindet, je mehr ist das Schmieden neuer Wörter nicht nur zu entschuldigen, sondern auch zu loben.

76. Weil aber viele gute und wohlgemachte Worte auf die Erde fallen und verlorengehen, indem sie niemand bemerkt oder beibehält, also daß es bisher auf das blinde Glück diesfalls angekommen, so würde man auch darin Nutzen schaffen, wenn durch grundgelehrter Kenner Urteil, Ansehen und Beispiel dergleichen wohl erwogen, nach Gutbefinden erhalten und in Übung gebracht würde.

77. Ehe ich den Punkt des Reichtums der Sprache beschließe, will ich erwähnen, daß die Worte oder die Benennungen aller Dinge und Verrichtungen auf zweierlei Weise in ein Register zu bringen sind: nach dem Alphabet und nach der Natur.[62] Die erste Weise ist die der Lexika oder Deutungsbücher und am meisten gebräuchlich. Die andere Weise ist die der Nomenklato-

ren oder Namenbücher [Benennungsbücher] und geht nach
den Sorten der Dinge. Sie ist von Stephanus Doletus,
Hadrianus Junius, Nicodemus Frischlinus, Johannes
Jonstonus[63] und anderen nicht übel getrieben worden
und zeigt sonderlich der Sprache Reichtum und Armut,
oder die sogenannte copia verborum [Menge der Wörter];
daher hat auch ein Italiener (Alunno[64]) sein dergestalt
eingerichtetes Buch Ricchezza della lingua volgare
benannt. Die Deutungsbücher dienen eigentlich, wenn
man wissen will, w a s ein vorgegebenes Wort b e -
d e u t e ; und die Benennungsbücher, w i e eine vorgege-
bene Sache zu n e n n e n. Jene gehen von dem Worte zur
Sache, diese von der Sache zum Wort.

78. Und sollte ich dafür halten, es würde zwar das
Glossarium Etymologicum oder der Sprachquell nach
den Buchstaben zu ordnen sein, es könnte aber auch
solches auf zweierlei Weise geschehen: nach der jetzigen
Aussprache oder nach dem Ursprung, wenn man nämlich nach den Grundwurzeln gehen und jeder Wurzel
oder jedem Stamm seine Sprossen anfügen wollte; welches in gewissem Maße sehr dienlich. Auch eine Ordnung mit der andern zu vereinigen wäre nützlich. Der
Sprachschatz aber, darin alle Kunstworte begriffen, wäre
besser und nützlicher nach den Arten der Dinge als nach
den Buchstaben der Worte abzufassen, weil allda die
verwandten Dinge einander erklären helfen, obschon
letztens ein alphabetisches Register beizufügen wäre.
Aber die Worte und Reden des durchgehenden Gebrauchs könnten nützlich auf beide Weise vermittelst
eines Deutungsbuchs (Lexikons) nach dem Alphabet und
vermittelst eines Benennungsbuchs nach den Sorten der
Dinge dargestellt werden; beides könnte den Namen

eines Diktionars oder Wörterbuchs verdienen, und beides würde seinen besondern, die letzte Art aber meines Erachtens den größten Nutzen haben.[65]

79. Es gibt auch gewisse Nebendiktionarien[66] sozusagen, so die Lateiner und Griechen gebrauchen und bei den Deutschen dermaleinst nicht allerdings außer Augen zu setzen, als [wie z. B.] für Partikel [flexionslose Redeteilchen], Epitheta [Beiwörter], Phrasen [Redensarten]; der Prosodien [Rhythmik und Metrik] und Reimregister zu geschweigen; welches alles aber, wenn das Hauptwerk gehoben, sich mit der Zeit von selbst finden wird. Bis hierher vom Reichtum der Sprache.

80. Die Reinigkeit der Sprache, Rede und Schrift besteht darin, daß sowohl die Worte und Redensarten gut deutsch lauten, als daß die Grammatik oder Sprachkunst gebührend beobachtet, mithin auch der deutsche Priscianus [die deutsche Sprachlehre][67] verschont werde.

81. Was die Worte und Weisen zu reden betrifft, so muß man sich hüten vor unanständigen, unvernehmlichen [unverständlichen] und fremden oder undeutschen.

82. Unanständige Worte sind die niederträchtigen, oft etwas Gröbliches andeutenden Worte, die der Pöbel gebraucht, plebeja et rustica verba [Ausdrücke des gemeinen Volks und des Landmanns], wofern sie nicht eine sonderliche Artigkeit haben oder gar wohl zupasse kommen oder zum Scherz mit guter Manier angebracht werden. Es gibt auch gewisse niedrige Worte, so man im Schreiben sowohl, als in ernsthaften förmlichen Reden gern vermeidet, dergleichen zu bezeichnen wären, damit man desfalls sich besser in acht nehmen könnte. So sollte das Wort, so aus dem griechischen Κόρη[68] kommt, billig

ausgesetzt werden. Es sind auch einige von unangeneh-
mem Klange, oder sie lauten lächerlich oder geben sonst
einen Übelstand und widrige Deutung, davor man sich
billig hütet.

83. Es sind auch unvernehmliche, veraltete Worte, verba
casca, osca, obsoleta, dergleichen zwar etliche noch Luther in seiner Bibel behalten, so aber nach ihm vollends
verblichen sind, als [wie z. B.] *Schächer*, das ist Mörder,
Raunen, so mit den *Runen* der nordischen Völker ver-
wandt, *Kogel*, das ist eine gewisse Bedeckung des
Haupts.

84. Dahin gehören die unzeitig angebrachten verba pro-
vincialia oder Landworte gewisser Provinzen Deutsch-
lands, als das *Schmecken* anstatt *Riechen*, wie es bei
einigen Deutschen gebraucht wird, von denen man deswegen sagt, sie haben nur vier Sinne; item [desgleichen] der
Kretschmar in Schlesien, soviel als *Krug* in Niedersach-
sen; von welcher Art auch die Meißner[69] selbst nicht
wenige haben und sich deren zumal im Schreiben enthalten müssen, als wenn sie sagen, der Zeiger[70] schlägt, oder
wenn sie den Rock einen Pelz nennen, welches ihm nicht
zukommt, als wenn er mit Rauchwerk gefüttert; und was
dergleichen mehr.

85. Was aber die fremden oder undeutschen Worte
anbetrifft, so entsteht darin der größte Zweifel, ob nämlich und wie weit sie zu dulden, nachdem sie vielen noch
unverständlich. Nun will ich solches der künftigen
deutschgesinnten Verfassung zu entscheiden zwar überlassen, doch jetzt eines und anderes, obschon vorgängig
[vorrangig], doch unvorgreiflich zu erwägen geben.

86. Und sollte ich demnach zuvörderst dafür halten, daß
man des Fremden eher zuwenig als zuviel haben solle, es

wäre denn, daß man mit Fleiß etwas machen wollte auf
den Schlag des Liedes:

> Da die Engel singen nova cantica,
> Und die Schellen klingen in regis curia.[71]

87. Hernach vermeine ich, daß ein Unterschied zu
machen ist unter den Arten der Zuhörer oder Leser:
denn was für männiglich [viele] geredet oder geschrieben
wird, als zum Exempel was man predigt, soll billig von
jedermann verstanden werden; was aber für Gelehrte, für
den Richter, für Staatsleute geschrieben, da kann man
sich mehr Freiheit nehmen.

88. Es kann zwar auch zuzeiten ein lateinisches oder aus
dem Lateinischen gezogenes Wort, dabei ein sonderli-
cher Nachdruck, von einem Prediger gebraucht werden;
ein lateinisches, sage ich, denn das Französische schickt
sich meines Ermessens gar nicht auf unsere Kanzel, es ist
aber alsdann ratsam, daß die Erklärung alsbald dabei sei,
damit beider Art Zuhörer ein Genügen geschehe.

89. Sonst ist von alten Zeiten her bräuchlich gewesen, in
Rechtshandlungen, Libellen und Produkten[72], lateinische Worte zu brauchen, es tun es auch die Fremden
sowohl als die Deutschen, obschon einige Gerichte,
Fakultäten und Schöppenstühle[73], zumal in Abfassung
der Urteile und Sprüche von geraumer Zeit her, die nicht
unlöbliche Gewohnheit angenommen, viel in Deutsch zu
geben, so anderswo nicht anders als lateinisch genannt
worden: als *den Krieg rechtens befestigen, litem conte-
stari*; *Gerichtszwang, instantia*; *Endurteil, definitiva*,
und dergleichen viel.

90. In Staatsschriften, so die Angelegenheiten und
Rechte hoher Häupter und Potenzen betreffen, ist es nun
dahin gediehen, daß man nicht nur des Lateinischen,

sondern auch des Französischen und Welschen [Italieni-
schen] sich schwerlich allerdings entbrechen [enthalten]
kann, wobei doch eine ungezwungene und ungesuchte
Mäßigung wohl anständig sein dürfte; wenigstens sollte
man sich befleißen, das Französische nicht an des Deutschen Stelle zu setzen, wenn das Deutsche ebenso gut,
wo nicht besser; welches ich gleichwohl gar oft bemerkt
habe.

91. So könnte man sich auch zum öftern dieser Vermitt-
lung mit Nutzen bedienen, daß man das deutsche Wort
mit dem fremden versetzte und eines zu des anderen
Erklärung brauchte, da denn auch eines des anderen
Abgang sowohl an Verständlichkeit als an Nachdruck
ersetzen könnte.[74]

92. Und dieser Vorteil würde auch sonderlich dienen,
gute und wohlgemachte, aber noch nicht so gar gemeine,
noch durchgehends angenommene deutsche Worte in
Schwang zu bringen, wenn sie anfangs mit den fremden
oder mit einheimischen zwar mehr gebräuchlichen, aber
nicht zulänglichen zusammengefügt oder auch sonst mit
einer Erklärung begleitet würden, bis man deren endlich
mit der Zeit gewöhnt worden und solche Vorsorge nicht
weiter nötig.

93. Über dergleichen gute Anstalten zur Beibehaltung
der deutschen Sprache Reinigkeit, soviel es immer tunlich, hätten die vornehmen Skribenten [Schriftsteller] durch
ihr Exempel die Hand zu halten und damit dem einbre-
chenden Sturm der fremden Worte sich nicht zwar gänzlich, was vergebens wäre, doch gleichsam lavierend zu
widersetzen, bis solcher Sturm vorüber und über-
wunden.

94. So sollte ich auch dafür halten, daß in gewissen

Schriften, die nicht wegen Geschäfte und zur Notdurft, auch nicht zur Lehre der Künste und Wissenschaften, sondern zur Zierde herauskommen, ein größerer Ernst zu brauchen und weniger fremde Worte einzulassen seien.

95. Denn gleichwie in einem sonst schönen deutschen Gedicht ein französisches Wort gemeiniglich ein Schandfleck sein würde, also sollte ich gänzlich dafür halten, daß in den Schreibarten, so der Poesie am nächsten, als Romanen, Lobschriften und öffentlichen Reden, auch gewisser Art Historien und auch bei Übersetzungen aller solcher Werke aus fremden Sprachen und summa [insgesamt], wo man nicht weniger auf Annehmlichkeit und Notdurft und Nutzbarkeit sieht, man sich der ausländischen Worte, soviel immer möglich, enthalten solle.

96. Damit aber solches besser zu Werk zu richten, müßte man gewisse, noch gleichsam zwischen Deutsch und Fremd hin und her flatternde Worte einmal für allemal als deutsch erklären und künftig nicht mehr zum Unterschied mit anderen Buchstaben, sondern eben wie die deutschen schreiben und so damit die Gewissensskrupeln der wohlmeinenden ehrlichen Deutschen und Eiferer für das Vaterland und den noch übriggebliebenen Herren Fruchtbringenden, hoffentlich mit ihrem guten Willen, gänzlich aufheben.

97. Es hat ja der treffliche Opitz, so bei uns, wie Virgilius bei den Römern, der erste und letzte seines Schrots und Korns gewesen, kein Bedenken gehabt, dergleichen zu tun, als zum Exempel, wenn er zum Heinsius sagt: »Daß deine Poesie der meinen Mutter sei.«[75] Damit hat er, meines Erachtens, dies Wort *Poesie* aus seiner Macht einmal für allemal für Deutsch erklärt, so gut und un-

widerruflich, als ob ein Act of parliament [Parlaments-
beschluß] über eine englische Naturalisierung ergangen
wäre.

98. Und ich sehe nicht, warum man den auswärtigen
Potenzen sowohl als *Potentaten*, der *Galanterie* sowohl
als schönster *Gala* und hundert andern, nicht ebenmäßig
dergleichen Recht der deutschen Bürgerschaft widerfah-
ren lassen könne, mit etwas besserer Art, als etliche neu-
liche [neuere] Gelehrte *Souverainitatem* zum lateinischen
Wort haben machen wollen, um den *Suprematum* zu
meiden, den ein anderer gebraucht.

99. Es haben unsere Vorfahren kein Bedenken gehabt,
solch Bürgerrecht zu geben. Wer sieht nicht, daß *Fenster*
vom lateinischen *fenestra* stammt? Und wer Französisch
versteht, kann nicht zweifeln, daß *Abenteuer*, so bei uns
schon sehr alt, von *avanture* herkomme, dergleichen
Exempel sehr viel anzutreffen sind, so dieses Vorhaben
rechtfertigen können.

100. Was ich von Aufhebung des Unterschieds der
Schrift gedacht, daß in Schreiben oder Drucken dergleichen Worte von den deutschgeborenen nicht mehr zu
unterscheiden, würde dessen Beobachtung, ob sie schon
gering scheint, doch nicht ohne Nachdruck und Wirkung sein. Es haben auch sonst viele dafür gehalten, man
sollte für einen guten Teil deutscher Bücher beim Druck
keine anderen als lateinische Buchstaben gebrauchen und
den unnötigen Unterschied abschaffen, gleichwie die
Franzosen auch ihre alten Buchstaben, so sie lettres de
finance nennen, und die in gewissen Fällen noch
gebräuchlich, im gemeinen Gebrauch und sonderlich im
Druck fast nunmehr aufgehoben haben.[76]

101. Ich will zwar solches an meinem Orte dahingestellt

sein lassen, habe doch gleichwohl befunden, daß den Holländern die hochdeutsche Schrift bei unseren Büchern beschwerlich vorkommt und solche Bücher weniger lesen macht, daher sie auch selbst gutenteils das Holländische mit lateinischen Schriften drucken lassen, um diese Behinderung zu verhüten. Und ich erinnere mich, daß, als ich etwas für Niederländer einstmals deutsch habe schreiben lassen sollen, man mich sonderlich gebeten, lateinische Buchstaben brauchen zu lassen.

102. Der andere Teil der Sprachreinigkeit besteht in der Sprachrichtigkeit nach den Regeln der Sprachkunst, von welchen ich auch nur ein weniges allhier gedenken will; denn obwohl darin ziemlicher Mangel befunden wird, so ist es doch nicht schwer, solchen mit der Zeit zu ersetzen und sonderlich vermittelst guter Überlegung zusammengesetzter tüchtiger Personen einen und anderen Zweifelsknoten aufzulösen.

103. Es ist bekannt, daß schon Kaiser Karl der Große an einer deutschen Grammatik[77] hat arbeiten lassen, und nichtsdestominder haben wir vielleicht keine bis dato, die zulänglich; und ob zwar einige Franzosen[78] sich darübergemacht, weil viele ihrer Nation sich seit einiger Zeit aufs Deutsche zu legen begonnen, so kann man doch leicht erachten, daß diese Leute dem Werk nicht gewachsen gewesen.

104. Man weiß, daß in der französischen Sprache selbst noch unlängst viele Zweifel vorgefallen, wie solches die Anmerkungen des Vaugelas[79] und des Menage[80], auch die Zweifel des Bouhours[81] zeigen, anderer zu geschweigen; ungeachtet die französische Sprache aus der lateinischen entsprossen (welche bereits so wohl mit Regeln

eingefaßt), und sonst seit längerer Zeit als die unsere von
gelehrten Leuten bearbeitet worden, auch nur e i n e n
Hof als den Mittelpunkt hat, nach dem sich alles richtet;
welches uns mit Wien auch um des Willen noch nicht
wohl angehen wollen, weil Österreich am Ende Deutsch-
lands, und also die wienerische Mundart nicht wohl zum
Grunde gesetzt werden kann; wogegen sonst, wenn ein
Kaiser mitten im Reich seinen Sitz hätte, die Regel der
Sprache besser daher genommen werden könnte.

105. So geht auch den Italienern noch bis dato eines und
anderes hierin ab, ungeachtet allen Fleißes, den die
Crusca angewendet, gegen welche der scharfsinnige Tassoni[82] und andere geschrieben und ihr Urteil nicht allemal ohne Schein [Berechtigung] in Zweifel gezogen haben.
Und obschon die italienische Sprache unter allen europä-
päischen die erste gewesen ist, so zu dem Stande gekommen, darin sie sich jetzt im Hauptwerk noch befindet,
inmaßen Petrarca und Dante noch jetzt gut sind, welches
von keinem deutschen, französischen, spanischen oder
englischen Buch selbiger Zeit gesagt werden kann, so
sind doch noch viele grammatische Knoten und Skrupel
auch bei ihr übriggeblieben.

106/107. Ob nun schon wir Deutsche uns also desto
weniger zu verwundern oder auch zu schämen haben,
daß unsere Grammatik noch nicht in willkommenem
Stande, so dünkt mich doch gleichwohl, sie sei noch
a l l z u v i e l davon entfernt und habe daher eine große
Verbesserung nötig, es sei also auch dermaleinst von
deutschgesinnten Gelehrten solche mit Nachdruck vorzunehmen; und zwar nicht allein um uns selbst aus
einigen Zweifeln zu helfen, weil endlich solche nicht gar
so wichtig sind, sondern auch um sowohl unsere Leute

zu unterrichten, zumal diejenigen, die kein Lateinisch
studiert haben, welche gar oft schlecht deutsch schreiben, als auch um den Fremden die deutsche Sprache
leichter und begreiflicher zu machen; dies würde zu
unserm Ruhm gereichen, andern zu den deutschen
Büchern Lust bringen und den von etlichen gefaßten
Wahn benehmen, als ob unsere Sprache der Regeln unfähig und aus dem Gebrauch fast allein erlernt werden
müßte.

108. Sonst sind wohl einige Zweifel bei uns vorhanden,
worüber ganze Länder voneinander unterschieden und
Kanzleien selbst gegen Kanzleien streiten, als zum
Exempel, was für Geschlechts das Wort *Urteil* sei. Im
Reiche beim Reichshofrat, beim Reichskammergericht
und sonst ist *Urteil* weiblichen Geschlechts und sagt man
die Urteil; hingegen in den obersächsischen Gerichten
spricht man *das Urteil*.

109. Die *Urteil* hat nicht allein die höchsten Gerichte, sondern auch die größte Zahl für sich. Das
Urteil aber beruft sich auf den Sprachgrund oder die
Analogie. Denn weil *Teil* nicht weiblichen Geschlechts
und eher gesagt wird *das Teil* als *die Teil* (in singulari), so
sollte man meinen, es müßte auch eher *das Urteil* als *die
Urteil* heißen. Doch der Gebrauch ist der Meister: Non
nostrum inter vos tantas componere lites [es ist nicht unsere
Sache, so viele Streitsachen zwischen euch zu schlichten].[83] Ich
überlasse es künftiger Anstalt mit vielen andern dergleichen Fragen, welche endlich ohne Gefahr etwas warten
und auf die lange Bank geschoben werden können.

110. Nun wäre noch übrig vom Glanz und Zierde der
deutschen Sprache zu reden, ich will mich aber damit
jetzt nicht aufhalten, denn wenn es weder an bequemen

Worten noch tüchtigen Redensarten fehlt, kommt es auf den Geist und Verstand des Verfassers an, um die Worte wohl zu wählen und füglich zu setzen.

111. Und weil dazu viel helfen die Exempel derer, so bereits wohl angeschrieben [zu schreiben begonnen] und durch einen glücklichen Trieb der Natur den andern das Eis gebrochen, so würde nicht allein nötig sein, ihre Schriften hervorzuziehen und zur Nachfolge vorzustellen, sondern auch zu vermehren, die Bücher der alten und auch wohl einiger neuen Hauptautoren in gutes Deutsch zu bringen und allerhand schöne und nützliche Materien wohl auszuarbeiten.

112. Bei dieser Gelegenheit soll ich erinnern, daß einige sinnreiche deutsche Skribenten, und unter ihnen der sonst lobwürdige Herr Weise[84] selbst, gleichwohl diesen merklichen Fehler noch nicht abgeschafft, den auch etliche Italiener behalten, daß sie etwas schmutzig zu reden kein Bedenken tragen; in welchem Punkt ich hingegen die Franzosen höchlich loben muß, daß sie in öffentlichen Schriften nicht nur solche Worte und Reden, sondern auch solchen Sinn vermeiden und daher auch in den Lust- und Possenspielen selbst nicht leicht etwas Zweideutiges leiden, so anders als sich gebührt gemeint sein könne. Welchem löblichen Exempel billig mehr als bisher geschehen zu folgen, und zumal häßliche Worte ohne sonderbare Notdurft nicht zu dulden. Es ist freilich in der Sittenlehre mit Sauberkeit der Worte nichts ausgerichtet, es ist aber doch auch solche kein geringes.

113. Die deutsche Poesie gehört hauptsächlich zum Glanz der Sprache; ich will mich aber jetzt damit nicht aufhalten, sondern nur erinnern, daß gestalt meines Bedünkens [meiner Meinung nach] einige vornehme Poeten

zuzeiten etwas hart schreiben und von des Opitzens angenehmer Leichtflüssigkeit allzuviel abweichen, dem auch vorzubauen wäre, damit die deutschen Verse nicht fallen, sondern steigen mögen.

114. Die Verfassung und Gesetze des deutschgesinnten Ordens[85] sind billig seinen vornehmen Gliedern, wenn sich deren einige zusammengetan, zu überlassen, doch kann gleichwohl hoffentlich eines und anderes vorgängig entworfen und vorgestellt werden; wobei dem löblichen Exempel der Herren Fruchtbringenden, wo nicht in dem Absehen und der Verrichtung – worin man etwas von ihnen abgehen muß –, doch aber in der Form und Anstalt zu folgen ist.

115. Es wäre nämlich zu Ruhm und Aufnahme [Gedeihen] der deutschen . Nation und Sprache dienlich, daß einige hohe Personen, auch vornehme Staatsbediente und sonst an Geist, Gelehrsamkeit und guten Gaben ausbündige [ausgezeichnete] und hierin wohlgesinnte Leute in ein Einverständnis diesfalls treten möchten.

116. Ob man sich an eine gewisse Anzahl von etwa 50 oder mehr Gliedern nach dem Exempel der Franzosen, bei denen die Zahl in der Akademie über 40 geht, binden oder die freie Hand behalten oder auch einen Unterschied machen wolle zwischen den inneren Gliedern, so von beschränkter Zahl sein könnten, die sich alles mehr angelegen sein ließen, und zwischen den andern mehr honorariis [außerordentlichen Mitgliedern], die gleichwohl sonst einigen Teil an dem löblichen Vorhaben nehmen wollten und also auch dazu auf allerhand Art behilflich sein könnten, solches stelle ich zu näherer Überlegung.

117. Neben Treibung des Hauptwerks könnten die

Ordensglieder dann und wann ein jeder nach seiner Neigung, Fähigkeit und Gelegenheit eines und anderes dargeben und einsenden, so gleichwohl einigermaßen auf den Zweck des Ordens abzielen möchte; dann könnte eine Versammlung oder Zusammenfassung der auserlesensten und unbedenklichsten Stücke von Zeit zu Zeit in den Druck kommen.

118. Es würden auch außerdem die Ordensglieder nicht ermangeln, bei ihren anderen Werken und sonst bei Begebenheiten ihre Einstimmung mit dem Orden und einen löblichen Eifer zu dessen Ruhm und gemeinem Zweck in der Tat zu erkennen geben, und sich den von ihnen selbst festgestellten Satzungen gemäß bezeigen.

119. Weil nun dieses alles, so bisher angeführt und in der Eil binnen ein paar Tagen entworfen worden, zum ersten Schattenriß genug zu sein scheint: so würde demnach dienlich sein, daß einiger gelehrten und wohl deutschgesinnten Personen fernere Bedenken [Gedanken] eingeholt und dann nach Zeit und Gelegenheit vermittelst hoher Anregung dem Werk nähergerückt würde.

Ermahnung an die Deutschen,
ihren Verstand und ihre Sprache besser zu üben, samt beigefügtem Vorschlag einer deutschgesinnten Gesellschaft

Es ist gewiß, daß nächst der Ehre Gottes einem jeden tugendhaften Menschen die Wohlfahrt und der Ruhm seines Vaterlandes billig am meisten zu Gemüte gehen soll, welches denn sowohl unsre e i g e n e A n g e l e - g e n h e i t – nicht allein um der Erhaltung, sondern auch um der Vergnügung willen –, als auch die gemeine S c h u l d i g k e i t mit sich bringt. Denn was die E r h a l - t u n g betrifft, so ist bekannt, daß eines jeden Sicherheit auf die gemeine Ruhe sich gründe, deren Störung einem großen Erdbeben oder Orkan gleicht, darin alles über und über geht, da keiner mehr mit Rat oder Tat sich helfen kann, sondern wer nicht zu entfliehen vermag, welches den wenigsten widerfährt, sich mit geschlosse- nen Armen darein geben und alle Augenblicke das Ver- derben erwarten muß, wie wir in diesen Kriegsläuften[1] genugsam erfahren. Gleichwie aber das gemeine Unglück unsere Gefahr, also ist hingegen des Vaterlandes Wohl- stand unsere V e r g n ü g u n g. Denn dadurch haben wir Überfluß von allen Dingen, so das Leben angenehm machen, wir wohnen unter unserem Weinstock und Feigenbaum; die Fremden erkennen und rühmen unser Glück und, weil jeder ein Glied dieses bürgerlichen Körpers ist, so empfinden wir Kräfte von dessen Gesundheit und fühlen alles, was ihn angeht, durch eine sonderbare [besondere] Verordnung Gottes. Denn wo sollte es sonst herkommen, daß wenig gutartige Men-

schen zu finden sind, die sich nicht über ihres Landes
und ihrer Nation und sonderlich ihrer hohen Obrigkeit
Glück von ganzem Herzen freuen oder die in der Fremde
nicht gleichsam ihr Herz mit einem Landsmann teilen
sollten? Das Band der Sprache, der Sitten, auch sogar des
gemeinen [gemeinsamen] Namens vereinigt die Menschen
auf eine so kräftige, wiewohl unsichtbare Weise und
macht gleichsam eine Art der Verwandtschaft. Ein Brief,
eine Zeitung [Nachricht], so unsre Nation angeht, kann
uns kränken oder fröhlich machen. Das können uns
Fremde gleich an den Augen 'ansehen und, dafern sie
verständig sind, müssen sie unsre Neigung loben: der
aber über seines Vaterlandes Unglück Freude bezeugen
würde, den würden auch die, die ihn gebrauchen, in
ihren Herzen für einen bösen und unehrlichen Menschen
halten; welche Meinung von sich kein edles Gemüt mit
Geduld ertragen kann. Überdies werden solcher Landes-
verräter wenige in ihrer Bosheit so gar verhärtet sein, daß
sie nicht auch mitten im Glück und Fortgang ihrer bösen
Anschläge einen stets nagenden Wurm fühlen sollten.
Daher ist zu schließen, daß die Liebe des Vaterlandes
nicht auf einfältiger Leute Einbildung, sondern auf der
wahren Klugheit selbst gegründet sei, welche dann durch
die Schuldigkeit bestärkt wird, so Gott und Menschen uns auferlegt: Gott, dieweil er allezeit das Beste
will; nun ist aber besser, was vielen, als was einem
ersprießlich; die Menschen aber, indem sie diese
Undankbarkeit nicht leiden können, daß, der dem Vaterland Leben und Aufnehmen schuldig, sich dessen Wohlfahrt nicht weiter, als sie ihm einträglich, angehen lassen
sollte.

Dieses ist nun der Grund, darauf unser Vorhaben ruht,

welchen wohl zu befestigen bei diesen verderbten Zeiten um soviel mehr nötig gewesen, dieweil es leider dahin gekommen, daß einige Freigeister öffentlich mit der Gottesfurcht und dem Vaterlande spotten. Wer aber ein rechter Patriot sein will, wird dieses wohl beherzigen.

Ist nun ein Mensch seinem Vaterland verpflichtet, so sind es wir, die das werte Deutschland bewohnen. Ich will nicht ausführen, daß ihm der Himmel gewogen, der es weder mit übermäßiger Hitze brennt, noch zu einer unerträglichen Kälte verdammt; daß ansteckende Krankheiten bei uns seltsam [selten], daß wir von Erdbeben fast nichts wissen, die Asien und Welschland [Italien] erschrecken, daß unser Erdreich mit Metallen durchzogen, mit Früchten bedeckt, mit Tieren angefüllt, und wenn wir unser Glück erkennen wollten, uns fast alles zu Hause gibt, was nicht nur zur Notdurft [Erhaltung des Lebens], sondern auch zur Bequemlichkeit und Wohllust dient. Wachsen bei uns die Oranienäpfel [Orangen] nicht von selbst, so haben wir auch keine Skorpionen zu fürchten. Und unsre Borsdorfer Äpfel laben mehr, als was uns Indien schickt. Warum sollte man bei uns nicht sowohl gute Seide und Zucker als herrliche Weine zeugen können, die nicht weniger der Sonne bedürftig? Wenn unsre Leinwand wohl verarbeitet, können wir des schädlichen Kattuns [baumwollener Stoff aus Indien] wohl entbehren. Mit Metallen haben wir den Vorzug in Europa, und sind die metallischen Künste bei uns aufs höchste gestiegen. Wir haben zuerst Eisen in Stahl verwandelt und Kupfer in Messing; wir haben das Eisen zu überzinnen erfunden und viele andere nützliche Wissenschaften entdeckt, daß also unsre Künstler in der edlen Chemie und in Bergwerkssachen der ganzen Welt Lehr-

meister geworden. Wir haben reiche Salzquellen und
unvergleichliche Sauerbrunnen, welche unter einem
annehmlichen Geschmack mehr als eine ganze Apotheke
führen und der Natur wunderlich [wunderbar] zustatten
kommen. Unsre Seeküste ist mit ansehnlichen Städten
und herrlichen Einfahrten besetzt; das Innere unsers
Landes wird von schiffreichen Wassern durchkreuzt. Es
sind Stein- und Marmorbrüche in den Felsen und Bau-
holz die Fülle in den Wäldern; Leder, Rauchwerk,
Wolle, Leinwand haben wir überflüssig [im Überfluß]; ja
daß Seide bei uns nützlich zu zeugen, habe ich bereits
erwähnt, und sind davon unterschiedliche Proben vorhanden, davon ich viel Umstände sagen könnte.
Wenn wir die Gaben Gottes genügsam zu brauchen
wüßten, würde es uns kein Land sogar an Zierde und
Bequemlichkeit bevortun. Aber wir lassen uns Gewächse
aus der Fremde schicken, die bei uns ganze Felder bedek-
ken. Wir verwundern uns über den äußerlichen Glanz
der fremden Lande, durch die wir reisen, und bedenken
nicht, daß allemal das Beste zur Schau herausgelegt: sie
wissen besser als wir ihre Ungelegenheiten zu verbergen,
aber wer in das Innere schaut, sieht ihr Elend und muß
unser Deutschland loben, das ein rauhes Ansehen, aber
einen nährenden Saft in sich hat. Denn seine Hügel
fließen mit Wein, und seine Täler triefen mit Fett.[2] Wenn
der Herr Friede gibt, so wohnt Freude und Wonne in
unsern Mauern. Gesegnet ist dies Land, wenn es den
Herrn fürchtet und wenn seine Einwohner die Tugend
lieben. Gott hat den Deutschen Stärke und Mut gegeben,
und es regt sich ein edles Blut in ihren Adern; ihre
Aufrichtigkeit ist ungefärbt, und ihr Herz und Mund
stimmen zusammen. Wer hört bei uns von Vergiftungen,

womit man anderswo eigne Gerichte bemüht? Und wie
will man in diesen Landen Meuchelmörder und falsche
Zeugen gleich wie Lehnpferde um Lohn zu dingen finden? Wir hören von fremder Bosheit reden gleichwie von
seltsamen Wundertieren; und da [wenn] auch gleich einige
Glieder angesteckt, so kann man doch sagen, daß der
Leib gesund sei.

Was ist edler als die deutsche Freiheit? Und sagte nicht
jener tapfere Fürst recht, Deutschland sei ein freies Reich
und billig das freieste auf der Welt? Ich weiß, einige
Klugdünkende werden meiner allhier spotten. Ihr hoch-
fliegender Verstand ist dahin gekommen, daß sie die
Religion für einen Zaum des Pöbels und die Freiheit für
eine Einbildung der Einfältigen halten. Bald sagen sie, es
habe der Kaiser die Stände unterdrückt, bald wollen sie
uns bereden, daß die Stände selbst ihre Untertanen mit
einer harten Dienstbarkeit beschweren. Solche Leute soll
man billig fliehen und hassen, gleichwie die, so die
Brunnen vergiften. Denn sie wollen den Brunnquell
gemeiner Ruhe verderben und die Zufriedenheit der
Gemüter verstören, gleichwie die, so schreckliche Dinge
aussprengen und dadurch die Herzen der Menschen
ängstigen; sie sind denen gleich, die einen Gesunden
bereden, daß er krank sei, und dadurch verursachen, daß
er sich lege. Anstatt daß sie unsre Wunden mit Öl
lindern, reiben sie solche mit Salz und Essig. Aber wir
sind gottlob noch nicht so unglücklich, und unser Klein-
od ist noch nicht verloren; unsre Krone ist noch nicht
von uns genommen; unsre Wohlfahrt aber steht in
unsern Händen. Ich habe allezeit dafür gehalten und bin
noch nicht davon zu bringen, daß das Deutsche Reich
wohlgeordnet und es in unsrer Macht ist, glückselig zu

sein. Die Majestät unsres Kaisers und der deutschen
Nation Hoheit wird von allen Völkern noch anerkannt;
bei Konzilien, bei Versammlungen wird ihm und seinen
Botschaften der Vorzug nicht bestritten. Er ist das weltliche Haupt der Christenheit und der allgemeinen Kirche
Vorsteher. So groß nun des Kaisers Majestät, so gelind
und süß ist seine Regierung. Die Sanftmut ist dem Haus
Österreich angeerbt, und Leopold[3] hat auch die Ungläu-
bigsten und Argwöhnischsten anzuerkennen gezwungen, daß er's mit dem Vaterland wohl gemeint. Kann sich
ein Reichsstand beschweren, daß man seine Klagen nicht
höre oder daß er mit Exekution übereilt[4] werde?

Ist nicht vielleicht die allzugroße Lindigkeit [Milde] das
einzige, darüber man in Deutschland klagen könne? Was
in diesem Krieg[5] vorgegangen, daran sind wir selbst am
meisten schuld, und da wir uns noch wollen warnen
lassen, so kann er uns zur Lehre und künftigen Verwah-
rung dienen. Und gleichwie in einem Glas, darin die
sogenannten vier Elemente eingeschlossen, wenn es
geschüttelt worden, alles durcheinander geht, bald aber,
wenn es ein wenig stillgestanden, jedes wiederum seinen
Platz findet, also kann hoffentlich die nunmehr gottlob
erlangte Ruhe alles zurechtbringen.

Ist nicht die Menge der fürstlichen Höfe ein herrliches
Mittel, wodurch sich so viele Leute hervortun können,
so sonst im Staube liegen müßten? Wo ein unbeschränk-
tes Haupt, da sind nur wenige der Regierung teilhaftig,
von deren Gnade die anderen alle leben müssen; bei uns
hingegen gibt es viele Höfe und allda auch hohe
Bediente, so etlichermaßen den Königlichen selbst an die
Seite treten dürfen und ganz eine andere Figur in der
Welt machen als die, so im Namen bloßer Untertanen

sprechen. Daher ist denn abzunehmen [zu schließen], daß diejenigen, die dafür halten, die deutsche Freiheit betreffe nur wenige, denen die übrigen dienen müssen, und betreffe also die Untertanen nicht, auch zu weit in ihrer Meinung gehen. Denn wo ist ein Land in der Welt, da so viele nicht nur fürstliche, sondern auch gräfliche Häuser, die von hohen Potentaten nicht in Freiheit, sondern nur in Macht unterschieden? Wo ist der Adel auserwählter und glücklicher als in Deutschland? Es ist wahr, daß ein jeder Edelmann in Polen könne König werden; aber er ist nicht mehr als ein König in Polen; in Deutschland können so viele hohe Stifter, so viele fürstliche Abteien, so viele reiche Prälaturen einen Untertan zum Fürsten oder Stand des Reichs oder sonst großen Herrn machen; und die Fremden, so von uns sonst nicht zum besten reden, müssen die Schultern ziehen, sooft sie nur an diesen Punkt gedenken.

Wo ist auch eine größere Anzahl freier Städte als in Deutschland? Und muß man nicht bekennen, daß Handel und Wandel, Nahrung und Kredit, Ordnung und gute Polizei darin blühen? Man lese, wie ehemals in gewissen Dingen Machiavell[6] in einem eigenen Bericht, so sich in seinen Werken findet, und Boccalin[7] in seinem Parnaß von Deutschland weit besser als wir selbst geurteilt. Ich gehe noch weiter und sage, daß die Städte, so unter deutschen Fürsten sind, sich nicht für unglücklicher zu schätzen haben: wie man denn die, bei denen Änderung vorgegangen,[8] fragen kann, ob sie jetzt nicht weniger über ihre Fürsten als vor diesen über ihren Rat klagen? So pflegen auch fürstliche Städte oftmals das Hoflager zu haben, wodurch ihnen gewißlich mehr an ihrer Nahrung zugewachsen, als an ihrer Freiheit entzogen worden. Ich will der Stapelgerechtigkeiten[9], der Universitäten und anderer Vorteile nicht gedenken. Die Bauern selbst leben besser, als man meint, und könnten noch besser leben, wenn sie ein wenig mehr Fleiß, Lust, Lebhaftigkeit und Hurtigkeit spüren ließen und durch gute Anstalt [Anleitung] zur rechten Nahrhaftigkeit [Erwerbslust] ermuntert würden. An die oft ungegründeten Klagen des gemeinen Mannes haben sich Verständige nicht zu kehren. Man weiß, daß solche Leute nie vergnügt und oftmals nie mehr rufen, als wenn ihnen zu wohl ist, daher sie Gott eine schärfere Züchtigung gleichsam abnötigen. Wir sperren uns bisweilen aus einer leidigen Halsstarrigkeit, unsrer Obrigkeit zu rechter Zeit zu Hilfe zu kommen, und müssen hernach von fremdem Volk, so bei uns sich einlagert, uns das Mark aussaugen lassen.

Aus all dem schließe ich denn, daß uns nur der Wille mangle, glückselig zu sein, daß die deutsche Freiheit noch wahrhaftig lebe, und nicht nur in der Einbildung bestehe, und daß also ein wahrer Patriot das Beste zu hoffen, sein Vaterland zu lieben und zugleich dahin zu trachten habe, wie dessen Glückseligkeit nicht durch ohnmächtige Wünsche oder blinden Eifer, sondern wohlüberlegte Vorschläge und deren getreuliche Vollstreckung befördert werde.

Weil nun nicht zu zweifeln, daß noch mancher ehrliche Deutsche ein rechtes Herz zu seinem Vaterlande habe, so werden nunmehr, da uns Gott vermittelst des edlen Friedens[10] einige Luft schöpfen und aufs Künftige zu denken Zeit läßt, verhoffentlich unterschiedliche nützliche Vorschläge ans Licht kommen und vielleicht durch Gottes Gnade nicht ohne Frucht abgehen, Vorschläge, die dahin zielen möchten, wie die Einigkeit der Gemüter befördert, die gemeine Ruhe versichert, die Kriegswunden geheilt und die erliegende Nahrung aufgerichtet werde. Allein dieweil solche Beratschlagungspunkte große Änderung erfordern und daher eigentlich für hohe Häupter gehören, so wollen wir uns allhier solcher Dinge nicht anmaßen, nicht zwar, als ob ich diejenigen tadle, so ihre wohlmeinenden Gedanken eröffnen – welches ferne von mir, indem ich vielmehr wie Moses[11] wünsche, daß das ganze Volk prophezeien möcht –, sondern dieweil ich allezeit diejenigen Vorschläge hochgehalten, die der Urheber selbst zum Teil vollstrecken kann; denn raten ist leicht, aber die Hand selbst anlegen jederzeit schwer. Wir wollen deshalb andere hohe Materien, als eine stete Verfassung, dienliche engere Reichsverbindungen, gemeinen Pfennig [allgemeine Reichssteuer] oder beständige Mittel, Vereinigung oder wenigstens Verträglichkeit der Religionen, Beförderung der Gerechtigkeit, Zucht- und Waisenhäuser, Regulierung der Münzen, Aufrichtung und Beförderung der Kommerzien [Handel] und Manufakturen, der Werkhäuser [Fabriken], Zurechtbringung der Kriegsdisziplin und was dergleichen wichtige Punkte mehr, diesmal beiseitesetzen, unser Vorhaben aber nur auf ein solches Werk wenden, das wir nicht nur vorschlagen, sondern auch vollstrecken können, welches in hohen Dingen nicht statthat, allda einer Privatperson wohl zu reden zugelassen, aber ohne sonderbaren hohen Antrieb [ohne besonderes Eingreifen der Regierung] nichts zu tun gebührt.

Da sollte man nun wohl fragen, was denn nach Aussetzung obiger Hauptpunkte wohl zu tun übrig bleibe, daran Deutschland gelegen sei. Ich antworte: freilich nichts, wenn diese obgedachten herrlichen Dinge schon getan wären, denn man bedarf nach vollführtem Bau nicht mehr der Handlanger. Allein so großes Glück können wir nach gemeinem [allgemeinem] Lauf der Natur so bald nicht hoffen: es sind noch einige Kleinigkeiten übrig, welche so nützlich sind, als sie gering scheinen. Ein kleines Steinlein im Schuh kann einen Reisenden hindern, und eine Fliege an der Wand kann eines großen Staatsmanns Gedanken verstören; also sind gewisse Sachen, so insgemein verachtet werden, aber deren unsichtbare Wirkungen ein Großes zum Guten oder Bösen vermögen. Hier sollte mancher meinen, man gehe etwa mit der Verbesserung des Schulwesens und der Universitäten um, woran freilich ein Großes hängt; aber also ist es auch nicht gemeint: es ist nicht ohne, daß diesfalls viele schöne Vorteile hervorkommen; aber sie sind teils mit gar zu großem Ungestüm von ihren Urhebern betrieben worden, welche zuviel von sich ausgeben und andere gegen sich verachtet, sonderlich aber die Professoren und andere, deren Beruf ist die Jugend zu unterweisen, auf eine harte Weise angegriffen und nicht bedacht haben, daß unter ihnen viele wohlverdiente Leute, die mehrenteils tun, soviel in ihren Kräften, und sich's sauer genug werden lassen, zuzeiten auch ihre wohlmeinenden Gedanken nicht zu Werk richten können, weil ihnen Gelegenheit, Gönner, Mittel gemangelt, die Hände durch Statuten oder durch ihre Kollegen gebunden gewesen, und sonst viele Hindernisse, darüber sie selbst klagen, im Wege gestanden. Man soll also vielmehr ihnen zu helfen, als sie zu beschimpfen und zu verkleinern oder ihnen einzugreifen trachten. Es ist des-

halb gegenwärtiges Vorhaben dahin gar nicht gerichtet.
Man läßt billig den jetzigen Zustand der Gelehrsamkeit
in seinem Wert, der so bös nicht ist, als manche glauben,
und ohne großen Nachteil des gemeinen Wesens nicht
ganz umzukehren ist. Was man allhier vorzutragen
gemeint, geht auf die Jugenderziehung nicht, es hat mit
Universitäten und Schulen nichts zu schaffen. Und ob es
zwar von der Gelehrsamkeit nicht entfernt, so geht es
doch eben die allein nicht an, deren Profession ist,
gelehrt geachtet zu werden, sondern alle diejenigen, die
ihr Gemüt sowohl vermittelst guter Bücher als nützlicher
Gesellschaft weiden wollen. Das sind nicht die, so da
ihre angehenden Studien fortsetzen, sondern alle die, so
diesfalls ihr Ziel erlangt und bei ihren Amts- oder Berufs-
geschäften sich nützlich erquicken wollen. Solchen zu
Dienst und zur Ergötzlichkeit und aber zugleich, wie
hernach erscheinen wird, zum gemeinen Besten und zu
Ruhm und Aufnehmen [Ansehen] des Vaterlandes soll
dieses gemeint sein.

Weil nun unter solchen Personen nicht nur gelehrte,
sondern auch Hof- und Weltleute, ja selbst und zuvor-
derst das Frauenzimmer, und kürzlich alle diejenigen
begriffen, so unter den gemeinen Mann nicht zu rechnen,
so wird dienlich sein, allhier zu erklären, worin eigentlich der gemeine Mann von denen unterschieden ist, die
Prometheus[12] aus edlerem Lehm gebildet; weil an sich
selbst nicht Reichtum, noch Macht oder Geschlecht,
sondern die Gaben den Unterschied machen. Wenn man
nun mich fragen will, was eigentlich der gemeine Mann
sei, so weiß ich ihn nicht anders zu beschreiben, als daß
er diejenigen begreife, deren Gemüt mit nichts anders als
Gedanken ihrer Nahrung eingenommen, die sich niemals

höher schwingen und sowenig sich einbilden können, was die Begierde zu wissen oder die Gemütslust für ein Ding sei, als ein Taubgeborener von einem herrlichen Konzert zu urteilen vermag. Diese Leute sind ohne Erregung und Feuer; es scheint, sie seien zwar aus der Adamischen Erde gemacht, allein der Geist des Lebens sei ihnen nicht eingeblasen worden. Sie leben in der Welt in den Tag hinein und gehen ihren Schritt fort wie das Vieh; Historien sind ihnen so gut wie Märlein, die Reisen und Weltbeschreibungen fechten sie nichts an, daher sie auch die Weisheit und Regierung Gottes wenig betrachten; sie denken nicht weiter, als sie sehen; man wird auch sogar finden, daß sie denen Feind seien, so etwas weiter gehen und sich von diesem Haufen absondern wollen. Kommen solche Leute zusammen, so sind ihre Unterredungen oft nichts als Verleumdung ihres Nächsten, und ihre Lust ist viehisches Saufen oder spitzbübisches Kartenspiel. Von diesem dummen Volk sind alle diejenigen abzusondern, so ein mehr freies Leben führen, die eine Beliebung [ein Vergnügen] an Historien und Reisen haben, die bisweilen mit einem annehmlichen Buche sich erquicken, und wenn in einer Gesellschaft ihnen ein gelehrter und beredter Mann aufstößt, solchen mit besonderer Begierde anhören. Solche Leute sind gemeiniglich eines weit edleren Gemüts und tugendhafteren Lebens, sie sind auch dem Gemeinwesen verträglich, sie werden nicht gegen ihre Obrigkeit toben, noch des Pöbels Gemütsbewegungen folgen, sondern sich gern von ihren Vorgesetzten weisen lassen; und weil sie weiter hinaus sehen als andere, so können sie auch jedesmal die schwerliche Zeit, die gemeine Not und die Vorsorge ihrer Obrigkeit besser beherzigen. Sie werden auch in

Kriegssachen nicht ein blindes Wesen und tolle Lust, alles zu verderben, sondern ein ehr- und ruhmliebendes Gemüt, auch mehr Herz und Verstand spüren lassen und zu allen Kriegs- und Friedensämtern und Verrichtungen geschickter sein. Je mehr nun dieser Leute in einem Land, je mehr ist die Nation abgefeint [verfeinert] oder zivilisiert, und desto glückseliger und tapferer sind die Einwohner.

Können wir nun dieser Leute Zahl vermehren, die Lust und Liebe zu Weisheit und Tugend bei den Deutschen heftiger machen, die Schlafenden erwecken oder auch diesem reinen Feuer, so sich bereits in vielen trefflichen Gemütern sowohl bei Standespersonen, als auch sogar bei niedrigen Leuten und nicht weniger bei dem liebreichen Frauenzimmer als tapferen Männern entzündet, neue und annehmliche Nahrung verschaffen, so achten wir, dem Vaterland einen der größten Dienste getan zu haben, deren Privatpersonen fähig sind.

Dies ist unser Vorhaben, welches niemandem eingreift noch jemand beschwert; dies ist der Vorschlag, welchen wir nicht nur tun, sondern auch durch anderer wohlmeinenden Personen Vereinigung vollstrecken können; dies sind die Studien, welche wir befördern; dahin ist die deutschgesinnte Gesellschaft gemeint, deren Art aber aus Folgendem mehr erscheinen wird.

Damit man nun solches alles deutlicher vorstelle, so ist zu bedenken, daß die Gemütslust auf zwei Dingen beruht: beliebiger Verrichtung [angenehmer Tätigkeit] und annehmlichen Gedanken. Und gleichwie uns jetzt die Verrichtungen eigentlich nichts angehen, also wollen wir nur allein allhier bedenken, daß gute Gedanken sowohl von Lesen der Bücher, worin Lust und Nutzen, als auch

Besuchung solcher Gesellschaft, wo man etwas Ersprieß-
liches hören und auch anbringen kann, zu entstehen
pflegen; deren beides in Deutschland also wohl nicht
eingerichtet, wie es sein könnte und bei den Ausländern
gespürt wird. Maßen [weil] wenig rechtschaffene Bücher
vorhanden, so in deutscher Sprache geschrieben und den
rechten Schmack oder Saft haben, welchen einige andere
Völker in ihren Schriften so wohl zu unterscheiden
wissen.

Wir schreiben gemeiniglich solche Bücher, darinnen
nichts als zusammengestoppelte Abschriften aus andern
Sprachen genommen, oder zwar unsre eignen, aber oft
gar ungereimten Gedanken und unbündigen Vernunftschlüsse, deren jetzt manche umlaufenden Scharteken
[Schriftchen] voll sind, darin weder Kraft noch Leben,
deren ungeschicktes Wesen so oftmals mit der gesunden
Vernunft streitet, dem Leser etlichermaßen anklebt und
die Reinigkeit des Verstandes auf eine unvermerkte
Weise verletzt. Weil man nun dergestalt bei uns insgemein fast keine Wahl hält, so geht es uns etlichermaßen
wie den barbarischen Nationen, die von einer schönen
Musik nicht zu urteilen wissen; oder wie den Mönchsge-
lehrten vor etlichen hundert Jahren, da man den rechten
Geschmack der edlen Wissenschaft verloren gehabt und
sich anstatt eines wohl gesichteten Weizens mit Eicheln,
Spreu und Kleie beholfen, bis etwa im vorigen Jahrhundert das Licht recht wieder angezündet worden; darauf
denn auch alsbald in den Schriften sich ganz ein anderer
Glanz hervorgetan, der nunmehr bei den Welschen [Italie-
nern], Franzosen und Engländern nicht nur den Gelehrten eigen geblieben, sondern bis in die Muttersprache
selbst herabgeflossen ist.

Daß es aber bei uns Deutschen so weit nicht als bei ihnen gekommen, solches hat viele Ursachen. Ich will von den Kriegen nicht reden, die alle guten Gedanken verstört, so will ich auch nicht weitläufig erwähnen, daß bei uns keine rechte allgemeine Hauptstadt ist, die für einen Brunnquell der Mode und Richtschnur der Nation zu halten; aus welchem Mangel folgt, daß die Gemüter sich nicht auf einen Weg gefunden, noch ihre Meinungen zusammengefügt, sondern daß manche gute Gedanken sozusagen wie zerstreute und abgebrochene Blumen verwelken müssen. So will ich auch nicht erwähnen, daß wohlmeinende Leute wenig befördert oder belohnt worden und hohe Standespersonen nicht allemal solche Neigung, wie anderer Nationen Beispiel nach zu wünschen gewesen, spüren lassen. Auch hat die Religionstrennung in den Studien selbst einen solchen Riß in Deutschland gemacht, daß wer dieses Zustands kundig, den überaus großen Unterschied der Erziehungsart selbst genugsam spürt. Solches alles nun zu übergehen, ist genug, daß ich mir zu erweisen getraue, daß alle diese Hinderungen nicht unüberwindlich seien, nachdem nun gottlob der Friede[13] uns wiederum einen annehmlichen Blick gegeben. Und obzwar nicht ohne ist, daß wenn Kaiserliche Majestät in einer großen Reichsstadt mitten in Deutschland wohnen sollte – welches aber auch nur um der Ursache wegen bedenklich, daß auf den Fall vielleicht Wien bereits verloren wäre –, so würde ich gestehen, daß allda sowohl die deutsche Macht als Weisheit ihren Hauptsitz haben und von dannen sich in die Provinzen des Reichs ausbreiten würde. Allein wenn ich hingegen bedenke, daß in Welschland dergleichen Hauptstadt auch nicht vorhanden ist – inmaßen die italienische Spra-

che vielleicht mehr Florenz als Rom zu danken[14] –, so
glaube ich, daß dies Hindernis eben so viel nicht zu
bedeuten habe. Hoher Personen Neigung kann freilich
die Gemüter erwecken und niederschlagen. Man weiß,
daß Leo der Zehnte[15] und Franz der Erste[16] den Studien
gleichsam ein neues Leben eingegossen, und Frankreich
hat dem Kardinal von Richelieu[17] zu danken, daß nicht
nur seine Macht, sondern auch seine Beredsamkeit auf
diese gegenwärtige Staffel [Stufe] gekommen. Allein wir
haben auch diesfalls in Deutschland nicht zu klagen, und
es scheint, daß bei uns mehr einigen Gelehrten als hohen
Potentaten die Schuld zu geben ist. Ich will die unsterbli-
chen Namen der Fürsten allhier nicht anführen, welche
in die so löblichen Gesellschaften getreten, durch die
man die deutschen Gemüter hat erwecken wollen und die
gewißlich nicht geringe Frucht gebracht.[18] Unserer
Gelehrten[19] aber, so dazu Lust bezeigt, sind sehr wenig
gewesen, teils weil einige unter ihnen gemeint, daß die
Weisheit nicht anders als in Latein und Griechisch sich
kleiden lasse; oder aber auch weil manche gefürchtet, es
würde der Welt ihre mit großen Worten verlarvte ge-
heime Unwissenheit entdeckt werden. Davor aber haben
sich grundgelehrte Leute nicht zu fürchten, sondern
vielmehr für gewiß zu halten, daß je mehr [desto mehr] die
Weisheit und Wissenschaft unter die Leute kommen
wird, je mehr sie ihrer Vortrefflichkeit Zeugen finden
werden; dahingegen die, so unter einem lateinischen
Mantel gleichwie mit einem homerischen Nebel[20] bedeckt, sich unter die wahren Gelehrten gesteckt, mit der
Zeit recht entdeckt und beschämt werden würden. Wie
sich's denn auch in Frankreich also befunden, denn
nachdem es dahin gekommen, daß auch Damen und

Kavaliere einigen Geschmack der Wissenschaften und Gelehrsamkeit in der Muttersprache erlangt, so sind zwar aufgeblasene Pedanten mitsamt ihrem Wortgezänk in Verachtung gekommen, aber wohlverdiente Personen bei großen Herren um soviel mehr anerkannt, belohnt und erhoben worden. In Deutschland aber hat man noch dem Latein und der Kunst zuviel, der Muttersprache aber und der Natur zu wenig zugeschrieben, welches denn sowohl bei den Gelehrten als bei der Nation selbst eine schädliche Wirkung gehabt hat. Denn die Gelehrten, indem sie fast nur Gelehrten [für Gelehrte] schreiben, sich oft zu sehr in unbrauchbaren Dingen aufhalten; bei der ganzen Nation aber ist geschehen, daß diejenigen, so kein Latein gelernt, von der Wissenschaft gleichsam ausgeschlossen worden, als bei uns ein gewisser Geist und scharfsinnige Gedanken, ein reifes Urteil, eine zarte Empfindlichkeit dessen, so wohl oder übel gefaßt, noch nicht unter den Leuten so gemein [allgemein] worden, als wohl bei den Ausländern zu spüren, deren wohl ausgeübte Muttersprache wie ein rein poliertes Glas gleichsam die Scharfsichtigkeit des Gemüts befördert und dem Verstand eine durchleuchtende Klarheit gibt. Weil nun dieser herrliche Vorteil uns Deutschen noch gemangelt, was wundern wir uns, daß wir in vielen Stücken und sonderlich in den Dingen, da sich der Verstand mit einer gewissen Artigkeit zeigen soll, von Fremden übertroffen werden? Daher bleibt nicht allein unsre Nation gleichsam wie mit einer düsteren Wolke überzogen, sondern auch die, so etwa einen ungemeinen durchdringenden Geist haben und das, was sie suchen, nicht zu Haus, sondern auf ihren Reisen und in ihren Büchern bei Welschen und Franzosen finden, gleichsam einen Ekel

vor den deutschen Schriften bekommen und nur das
Fremde lieben und hochschätzen, auch kaum glauben
wollen, daß unsre Sprache und unser Volk eines Besseren
fähig seien. So sind wir also in den Dingen, die den
Verstand betreffen, bereits in eine Sklaverei geraten und
werden durch unsre Blindheit gezwungen, unsre Art zu
leben, zu reden, zu schreiben, ja sogar zu denken, nach
fremdem Willen einzurichten.

Es haben die preiswürdigen Personen, so sich unsrer
Sprache angenommen, viele Jahre mit der deutschen
Nachlässigkeit und Selbstverachtung gestritten, aber
nicht gesiegt. Ja das Übel ist so hoch gestiegen, daß es
nicht mehr mit Reimen, Liebesgedichten und Lustschrif-
ten, wie wohl sie auch gesetzt, zu erreichen und zu
übermeistern, sondern anderes Rüstzeug von mehr
Gewicht und Nachdruck vonnöten. Denn gleichwie
auch ein starker Arm eine Feder so weit nicht werfen
kann als einen Stein, also kann auch der herrlichste
Verstand mit leichten Waffen nicht genug ausrichten. Es
muß also der Nutzen mit der Annehmlichkeit vereinigt
werden, gleichwie ein Bolzen, so von einer stählernen
Armbrust in die Ferne der Luft getrieben werden soll,
sowohl mit Federn beschnürt, als mit Metall gekrönt zu
sein pflegt. Daher weil die meisten derer, so sich die Ehre
der deutschen Sprache angelegen sein lassen, der Poeterei
vornehmlich nachgehängt, und also gar selten etwas in
deutsch geschrieben worden ist, so einen Kern in sich
hat, und auch alles gemeiniglich in anderen Sprachen
besser zu finden: so ist kein Wunder, daß es bei der
eingerissenen Verachtung der Unsrigen verblieben. Zwar
es wäre wahrlich gut, wenn man deren viel wüßte, so nur
ein deutsches Klinggedicht [Sonett] also verfassen könn-

ten, daß es anderer Sprachen Zierlichkeit entgegenzusetzen wäre. Allein das ist nicht genug, unserer Heldensprache Ehre bei den Fremden zu retten oder der unartigen Landeskinder Neid und Leichtsinnigkeit zu überwinden, dieweil diejenigen, so selbst nichts Gutes tun, auch der besten Anschläge [Vorschläge] so lange spotten, bis sie durch den unwidersprechlichen Ausgang des Nutzens überzeugt worden sind. Daraus folgt, daß keine Verbesserung hierin zu hoffen ist, solange wir nicht unsere Sprache in den Wissenschaften und Hauptmaterien selbst üben, welches das einzige Mittel ist, sie bei den Ausländern in hohen Wert zu bringen und die undeutsch gesinnten Deutschen endlich beschämt zu machen. Denn unser deutscher Garten muß nicht nur anlachende Lilien und Rosen, sondern auch süße Äpfel und gesunde Kräuter haben. Jene verlieren bald ihre Schönheit und ihren Geruch, diese lassen sich zum Gebrauch erhalten. Man hat sich also nicht zu verwundern, warum so viele hohe Standespersonen und andere vortreffliche Leute das Werk, so sie angegriffen, nicht genugsam gehoben, dieweil man ungeachtet des Namens der Fruchtbringenden Gesellschaft sich gemeiniglich nur mit solchen Gewächsen beholfen, welche zwar Blumen bringen, aber keine Früchte tragen; maßen die Blumen der zierlichen Einfälle ihre Annehmlichkeit gleichsam unter den Händen verlieren und bald Überdruß machen, wenn sie nicht einen nährenden Saft der unvergänglichen Wissenschaften in sich haben; welches ich nicht darum gedenke, als ob ich dieses herrliche Vorhaben unsrer Vorgeher, denen wir, was noch von der deutschen Reinigkeit übriggeblieben, größtenteils schuldig sind, tadeln wolle. Denn ich weiß wohl, daß anfangs sich nicht alles tun läßt; sondern ich

werde gezwungen, Obstehendes nur zu meiner Verteidigung anzuführen, damit man zwei Dinge zugleich
sehe, nämlich nicht allein warum bisher noch nicht
genugsam ausgerichtet worden, sondern auch warum
gleichwohl noch Hoffnung übrig sei. Sonst würde man
mir außer Zweifel gleich im ersten Anblick vorwerfen,
daß alles vergebens sei, sich weiter mit einer Sache zu
bemühen, die auch so hohe Geister nicht ausgeführt,
nachdem die Gewalt unsres Verhängnisses alles, so man
aufgebaut, mit sich fortgerissen hatte; es wäre dadurch
nur erschienen, daß wir unserm Unglück zu steuern
nicht gewachsen seien; also sei es besser, den Strom
fließen zu lassen und die Nachwelt Gott zu befehlen, als
solchen starken Lauf durch einen vergeblichen Damm
hemmen zu wollen, da doch, wenn er durchbrochen,
nichts mehr als eine noch weit schädlichere Ergießung
entstehe. Darauf kann ich nicht besser antworten, als
daß man bisher diesen Damm zu machen nur kleine
Steine, Sand und Erde zusammengeschüttet, mitnichten
aber große Stücke von beständigen Steinen herbeige-
bracht, also den letzten Ernst noch nicht gebraucht,
wiewohl es nunmehr wahrlich hohe Zeit wäre, weil
vielleicht, nach längerer Säumung darauf zu gedenken,
zu spät sein dürfte.

Ich muß bekennen, es sei leider dahin gekommen, daß
man vielleicht, solange Deutschland steht, nie darin
undeutscher und ungereimter geredet hat. Ich rufe zu
Zeugen an, was uns die halbjährigen Messen[21] hervor-
bringen; darin ist oft alles auf eine so erbärmliche Weise
durcheinandergeworfen, daß manche sogar nicht einmal
zu erwägen scheinen, was sie schreiben. Ja, es scheint,
manche dieser Leute haben ihr Deutsch vergessen und

Französisch nicht gelernt. Wollte Gott, es wäre jedesmal unter zehn solcher fliegenden Papiere eines, so ein Fremder ohne Lachen, ein Patriot ohne Zorn lesen könne! Ich kenne vornehme Franzosen, denen ihre Geschäfte und Reisen Gelegenheit und Lust gemacht, unsere Sprache zu verstehen, und denen ich nachsagen kann, daß sie weder aus Bewegung noch aus Ekel, sondern aus bloßer Verwunderung über unser ungereimtes Wesen mit verächtlichen Worten hervorgebrochen; um soviel mehr, da sie auf mein Anzeigen gesehen, daß es uns an guten Meistern nicht mangle, deren herrlicher Schriften sich keine Nation zu schämen hätte. Daraus haben sie denn unverhohlen gegen mich geschlossen, sie sähen wohl, daß es mit Deutschland auf die Neige komme und Einigkeit, Tapferkeit und Verstand miteinander sich verlieren, dahingegen bei ihnen überall die helle Sonne aufgehe. Wie mir dabei zumute gewesen, mag ich nicht wohl sagen und lass' ich einen jeden bei sich selbst prüfen, ob er deutsches Blut in seinen Adern habe, wenn er dieses ohne Empfindung hören oder lesen kann. Ich will Staats- und Kriegssachen, wie obgedacht, an die Seite setzen; denn ich glaube, Gott werde einen Weg zu unsrer Wohlfahrt finden und dieses Reich, so der Christenheit Hauptfeste ist, gnädiglich erhalten; so wird auch das höchste Oberhaupt samt den andern Potentaten und Ständen Mittel wissen, wodurch die deutsche Tugend wieder zu vorigem Glanz kommen möge. Was aber den Verstand betrifft und die Sprache, welche gleichsam als ein heller Spiegel des Verstandes zu achten, so glaube ich, diesfalls habe ein jeder Macht, seine Gedanken vorzutragen; ja es ist schwer: zugleich sein Vaterland lieben, dieses Unheil sehen und nicht beklagen.

Ich weiß, daß es Leute gibt, deren Verstand und Tugend ich anerkenne und ehre, welche glauben, man solle sich mit Verbesserung der Sprache nicht aufhalten und nur auf die Sache selbst gehen; die Sprache sei deswegen erfunden, daß wir uns zu vernehmen geben und andere bewegen. Sind ihnen nun unsre Worte bekannt und sind die Worte nachdrücklich und rührend, so habe man sich ferner nicht zu besinnen, ob sie Opitz[22] und Flemming[23] verdammen möchten; es wäre denn, daß man es mit einem Liebhaber der Sprachzierde zu tun hätte, bei dem man eine gute Sache mit einer schlimmen Rede-Art verderben möchte. Sei nicht das Französische selbst eine Vermischung des Lateinischen und Deutschen, die anfangs sehr ungereimt gewesen, jetzt aber durch vielen Gebrauch alle gleichsam abgeschliffene Rauhigkeit verloren; so mache sich auch ein Engländer und Holländer kein Gewissen, fast in einer Zeile Spanisch, Welsch und Französisch zu reden, was wollten w i r uns denn zeihen, die wir doch selbst ihre Bücher als zierlich geschrieben so hoch rühmen?

Diese Gründe sind nicht ohne Schein [Berechtigung], und ich gestehe auch gern, daß es Leute gibt, die sehr wohl, d. i. vernehmlich und kräftig, schreiben und doch ihre Schriften mit allerhand Sprachen durchspicken; so will ich auch nicht, daß mein Urteil, so ich von den gemeinen Mischmäschern fälle, diesen Personen nachteilig sei. Denn sie schreiben oftmals in solcher Eile wegen überhäufter Geschäfte, daß sie kaum einmal wieder lesen können, was sie geschrieben, und sind froh, wenn sie ihre häufig andringenden und sonst verschwindenden Gedanken in aller Eile dem Papier zu verwahren geben. Daß nun solche es bei dem übel eingerissenen Gebrauch lassen und die ihnen zuerst vorkommenden Worte ergreifen, darum sind sie nicht zu verdenken; denn es sind ja oftmals die fremden uns geläufig und die deutschen fremd geworden; daher schickt man sich billig in den Gebrauch, wenn man ihn nicht ändern kann. So bin ich auch so abergläubisch deutsch nicht, daß ich nur um eines nicht gar zu deutschen Wortes willen die Kraft einer bündigen Rede schwächen wolle. Wir müssen allemal dasjenige tun, so den Sachen nach das Beste ist, und uns nach der Welt richten, die sich nach uns nicht richten wird. Wer wider den Strom schwimmen oder wider eine Mauer rennen will, wird sich seiner Beständigkeit nicht lange rühmen können.

Allein dieses alles entschuldigt diejenigen nicht, so nicht aus Not, sondern aus Fahrlässigkeit sündigen, denen keine eilende Post die Worte abdringt und denen das Bücherschreiben niemals durch kaiserlichen Befehl aufgelegt worden. Sagen sie, daß sie nach vielem Nachsinnen und Nagelbeißen kein Deutsch gefunden, so ihre herrlichen Gedanken auszudrücken gut genugsam gewesen, so geben sie wahrlich mehr die Armut ihrer vermeinten Beredsamkeit als die Vortrefflichkeit ihrer Einfälle zu erkennen. Ich frage, ob ihre Vorfahren wohl auch der so hohen geistreichen Gedanken fähig gewesen, und auf den Fall, ob sie dann würden verstummt sein. Allein wir haben über unsrer Schriftler[24] allzugroße Treffsinnigkeit und Geistigkeit nicht zu klagen; es ist alles leider so irdisch und kriechend – doch einige wenige ausgenommen, deren Gedanken ich ebensosehr loben, als ich ihre Schreibart tadeln muß –, daß es mehr Erbarmen als Verwunderung erweckt. Ich erinnere mich, daß ich unterschiedliche Male über einige vor Jahren hergestellte Bücher, deren Autor[25] ein guter, ehrlicher alter Deutscher, wiewohl sonst ein schlichter Mann gewesen, in mich gegangen und mich fast mein selbst und unsrer Zeit geschämt, wenn ich beobachtet, wie alles so deutlich, so nachdrücklich und dabei so rein und so natürlich gestellt, daß ich oft zweifeln müssen, ob ich's ihm würde haben nachtun können. Und dennoch war genugsam zu spüren, daß ihm solches ohne viel Nachsinnen aus der Feder geflossen. Was ist beweglicher, als was einige auch ungelehrte, aber sinnreiche Leute,[26] die ich allhier weder loben noch tadeln will, in deutscher Sprache geschrieben, und welche einen großen Anhang gefunden? D a ß d i e H e i l i g e S c h r i f t in i r g e n d e i n e r S p r a c h e in d e r W e l t b e s s e r a l s in D e u t s c h l a u t e n k ö n n e , k a n n i c h m i r g a r n i c h t e i n b i l d e n ; so oft ich auch die Offenbarung im Deutschen lese, werde i c h n o c h w e i t m e h r e n t z ü c k t , a l s w e n n i c h d e n V i r g i l s e l b s t l e s e , d e r d o c h m e i n L e i b - b u c h i s t ; und ich finde nicht nur in den göttlichen Gedanken einen hohen prophetischen Geist, sondern auch in den Worten selbst eine rechte heroische und, wenn ich so sagen darf, virgilianische Majestät. Wie haben es doch unsre Vorfahren vor etwa hundert und mehr Jahren gemacht, daß sie ganze Folianten mit reinem Deutsch gefüllt? Denn wer sagt, daß sie nichts Lesenswürdiges geschrieben, hat sie nicht gelesen. Wer spürt nicht in den Reichsabschieden[27] den Unterschied der güldenen und eisernen Zeit, wenn er sieht, daß die deutsche Sprache und die deutsche Ruhe zugleich übern Haufen gegangen und auf einmal unser Ruhm und unsre Sprachrichtigkeit von uns gewichen? Von der Zeit an haben deutsche Kriegsheere fremden Befehlshabern gegen ihr Vaterland zu Gebote gestanden, und das deutsche Blut ist den Ausländern mit falschen Anerbieten übertünchter Landgierigkeit aufgeopfert worden. Von der Zeit an hat auch unsre Sprache die Zeichen unsrer angehenden Dienstbarkeit tragen müssen. Gott wende diese Ahnung in Gnaden ab, damit es ja nicht, nachdem es nun fast an dem ist, daß die Sprache zugrunde gerichtet, um die deutsche Freiheit geschehen sein möge.

Einmal findet sich in allen Geschichten, daß gemeiniglich die Nation und die Sprache zugleich geblüht, daß der Griechen und Römer Macht aufs höchste gestiegen gewesen, als bei jenen Demosthenes, bei diesen Cicero[28] gelebt, daß die jetzige Schreibart, so in Frankreich gilt, fast ciceronianisch, da eben auch die Nation in Krieg- und Friedenssachen sich so unverhofft und fast unglaublich hervortut. Daß nun solches ungefähr [zufällig] geschehen, glaube ich nicht, sondern halte vielmehr dafür, gleichwie der Mond und das Meer, also habe auch der Völker und der Sprachen Ab- und Aufnehmen ein Verwandtnis. Denn, wie oben gedacht, ist die Sprache ein rechter Spiegel des Verstandes und daher für gewiß zu halten, daß wo man insgemein wohl zu schreiben anfängt, daß allda auch der Verstand gleichsam wohlfeil und zu einer kurrenten Ware geworden. Solches trifft nun in Frankreich dergestalt zu, daß wer nicht durch unzeitigen Eifer verblendet und beider Nationen Tun kundig, gestehen muß, was bei uns für wohl geschrieben geachtet wird, sei insgemein kaum dem zu vergleichen, so in Frankreich auf der untersten Staffel steht, und allen denen gemein, die sich nur mit Schreiben im geringsten einlassen oder unter den andern so mit durchlaufen dürfen. Hingegen wer also Französisch schreiben wollte,

wie bei uns oft deutsch geschrieben wird, der würde auch
vom Frauenzimmer getadelt und bei den Versammlungen verlacht werden; welches alles ich nicht nur von der
Reinigkeit der Worte, sondern von den Arten der Vernunftschlüsse, von den Erfindungen, der Wahl, der
eigentlichen Deutlichkeit, der selbstgewachsenen Zierde
und summa der ganzen Einrichtung der Rede will verstanden haben, wobei es uns allenthalben mangelt. Es
irren daher diejenigen sehr, welche sich einbilden, daß
die Wiederbringung der deutschen Beredsamkeit nur
allein in Ausmusterung ausländischer Wörter beruhe. Ich
halte dieses für das Geringste und will keinem über ein
fremdes Wort, so wohl zupasse kommt, den Prozeß
machen; aber das ungereimte, unnötige Einflicken ausländischer, auch nicht einmal verstandener nicht zwar
Worte, doch Redensarten, die gleichsam ganz zerfallen-
den Sätze und Abteilungen, die ganz unschicklichen
Zusammenfügungen, die untauglichen Vernunftsgründe,
deren man sich schämen müßte, wenn man nur etwas
zurückdenken wollte: dies alles ist, was nicht nur unsre
Sprache verderben, sondern auch je mehr und mehr die
Gemüter anstecken wird. Man gebe Achtung darauf, so
wird man finden, daß anderswo oft Knaben von zwölf
Jahren mit einander vernünftiger reden als oftmals bei
uns Jünglinge von zwanzigen und daß ein paar französische Damen von ihren Hausgeschäften und Angelegenheiten eine so ernsthafte, ordentliche und bündige
Unterredung halten können als ein paar Reichsräte von
Landesgeschäften. Wem soll man dieses zuschreiben, als
daß sie von Jugend auf nicht nur sowohl zierliche als
auch nachdenkliche Bücher lesen und ihre Gesellschaften
nicht mit abgeschmackten Possen, sondern mit annehm-

lichen Gedanken zubringen, die durch das Lesen entstanden und durch das Gespräch nützlich angebracht worden? Dies ist großenteils die Ursache ihres Vorteils, den sie vor uns haben. Denn hat's die Luft[29] mit andern Elementen getan, warum sind denn diese Nationen lange Zeit barbarisch gewesen, es hätte sich denn der Himmel unterdessen geändert? Ich stelle nicht in Abrede, daß die Lebensmittel und Nahrung, die man genießt, ein Großes vermögen, aber die Erziehung überwindet alles, und die Franzosen sagen recht: Geschäfte machen Leute, welches billig von aller Übung zu verstehen ist.

Man lasse einen jungen Menschen mit denen umgehen, so ungeschickt reden, man lasse ihn abgeschmackte Bücher lesen und viel in unbelebte [langweilige] Gesellschaften kommen: es wird ihm lange genug anhängen. Soll denn diese gegenwärtige fast allgemeine Grundverderbung der deutschen Beredsamkeit nicht ihre Wirkung bis in die zarten Gemüter erstrecken? Man muß lachen wider seinen Willen, wenn man hört und sieht, daß nunmehr manche Pfarrherren und Kanzeln und Advokaten in Schriften mit rotwelschem [hier: unverständlichem][30] Französisch um sich werfen; aber man wird gar anders als zu lachen bewegt, wenn man sieht, wie die ganze Rede so kahl abläuft, wie so gar weder Kraft noch Saft darin, ja was noch mehr, wie die gesunde Vernunft überall nicht weniger als der deutsche Priscianus [die deutsche Sprachlehre][31] notleide. Weil nun dieses Übel gleichsam zu einer ansteckenden Landseuche geworden, was wundern wir uns, daß die von unsren Vorfahren noch übrige, auf uns geerbte edle deutsche Tugend auch zugrunde geht; denn was ist die Tugend [Tüchtigkeit] ohne Verstand? Wer sieht nicht, daß der, der blind anfallen

will, im Krieg häßlich anläuft und daß die Bälle einen
guten Spieler gleichsam zu suchen scheinen?

Mancher wird mir antworten, ich solle unsre Zeiten so
sehr nicht verachten, es sei vielmehr das Widerspiel [die
geschichtliche Gegenbewegung, die Antithese]. Denn vor wenig
Jahren sei man allezeit toll und voll gewesen, jetzt
komme dieses dumme Laster allmählich ab; wenn unsre
Vorfahren wieder aufgezogen kommen sollten, würde
man sie für Bauern halten; man solle unsren Hausrat,
unsre Tafel, unsre gegenwärtige Manierlichkeit gegen die
vorige Einfalt stellen und dann urteilen, auf welcher Seite
mehr Witz sei. Ich antworte darauf, wenn man Verstand
in Verschwendung und Zärtlichkeit suchen will, so sei er
bei uns hoch gekommen. Ich will wohl glauben, daß
unsre Vorfahren keine Schokolade gekannt und daß sie,
was vom Tee abgekocht wird, für ein Kräuterbad gehalten haben würden, daß sie weder aus Silber noch aus
Porzellan gegessen, noch die Zimmer mit Tapezereien
bekleidet, noch Trachtenpuppen von Paris haben kommen lassen; aber daß ihrem Verstand etwas daher abgegangen, damit bin ich nicht einig. Sind denn das die
herrlichen Regierungskünste? Ist es das, was Land und
Leute glückselig macht? Schickt man deswegen junge
Leute in die Welt und läßt sie ein Großteil ihres Erbguts
verzehren?[32] Daß nämlich ein französischer Schneider
oder Koch oder auch wohl gar Chirurgus etwas zu tun
bekomme und wir uns auch noch sogar zu Hause narren
lassen. Ich will diese Dinge nicht zwar an sich selbst und
insgemein verdammen; verständige Leute wissen damit
umzugehen wie kluge medici [Ärzte] mit chemischen
Arzneien, aber daß man aus solchen Kleinigkeiten die
Glückseligkeit unsrer Zeiten machen will, das ist unge-

reimt. Eines wäre zu loben, wenn die französische Mode das übermäßige Saufen abbringen könnte, doch sorge ich, man werde den Teufel mit Beelzebub vertreiben, und ich bin fast der Meinung, daß weiland ein trunkener alter Deutscher in Reden und Schreiben mehr Verstand hat spüren lassen als jetzt ein nüchterner französischer Affe tun wird. Denn wie soll ich diese Fäntchen [Jüngelchen] anders nennen, welche, indem sie nach dem fremden Schatten schnappen, die rechtschaffene deutsche Tat verlieren und nicht sehen, daß allemal, was gezwungen und nachgetan, abgeschmackt ist. Besser ist: ein Original von einem Deutschen als eine Kopie von einem Franzosen zu sein. Es wäre ein andres Werk, wenn auch von uns etwas jetzt gefunden würde, dessen Bequemlichkeit auch die Ausländer nachzuahmen zwingen könnte; weil aber unser Reden, unser Schreiben, unser Leben, unser Vernünfteln in einer Nachäffung besteht, so ist leicht zu erachten, daß wir die Hülsen für den Kern bekommen. Und daß es uns fast geht wie den Kindern in einer kleinen Stadt, da etliche durchstreichende Komödianten etwa acht Tage über gespielt. Denn da wollen die Kinder alle Komödie spielen, und es hängt ihnen das Narrenwerk so sehr an, daß sie fast darüber ihrer Schule und andren Tuns vergessen.

Ich will jetzt der einreißenden Gottesvergessenheit und fremden Lastern nicht gedenken: nur dieses ist gewiß, daß, wo wir also fortfahren, weder Aufrichtigkeit noch Verstand, weder Wissenschaften noch Beredsamkeit, weder Tapferkeit noch Mut bei uns anders als geborgt oder gemalt übrigbleiben werde. So ist auch nicht zu zweifeln, wenn es also fortgeht, daß herrliche ingenia [Geister] von uns, die wir nichts als Fremdes verehren, weg und zu den Fremden gehen werden, da man sie zu unterscheiden [auszuzeichnen] und zu belohnen weiß. Alles wird bei uns gleichsam die Flügel sinken lassen, man wird die Hoffnung der Verbesserung, welche hoher Gemüter einziges Laben ist, vollends verlieren, und nachdem man kürzlich mehr mit blindem Eifer als reifem Verstand und tapferem Mut gegen die Ausländer vergebens getobt, nun zu dem andern Überschritt oder extremo fallen und nunmehr gleichsam aus Verzweiflung sich drein ergeben, an die Ausländer hängen, auf des Vaterlands Wohlfahrt und Ruhm zu denken aufhören und nur dahin trachten, wie man sich auch mit dem gemeinen Verderben nur leidlich hinbringe; wodurch denn mit der Hoffnung alle Tugend und das edle Feuer, so die Gemüter treibt, verlöschen wird. Wie könnte man der uns drohenden Dienstbarkeit nachdrücklichere Zeichen finden? Dahingegen bei den Völkern, deren Glück und Hoffnung blüht, die Liebe des Vaterlandes, die Ehre der Nation, die Belohnung der Tugend, ein gleichsam erleuchteter Verstand und daher fließende Sprachrichtigkeit sogar bis auf den gemeinen Mann herabgestiegen und fast durchgehends sich spüren lassen.

Wenn nun die deutsche Tugend dergestalt in der Asche liegen sollte, daß auch keine glimmenden Funken mehr übriggeblieben wären, so würde dieses, was ich bisher nicht ohne Gemütsbewegung ausgeschüttet, nicht nur vergebens, sondern schädlich sein. Denn wozu dient es, daß man unsre Wunden aufdecke, wenn sie unheilbar sind oder auch von der scharfen Luft verschlimmert werden können? Aber gottlob, unser Unglück ist noch nicht bis auf die höchste Staffel gestiegen, und es ist noch viel zu frühe, an des Vaterlandes Wohlfahrt verzweifeln zu wollen. Genug ist's, daß uns die Augen geöffnet worden; es ist noch Hoffnung bei dem Kranken, solange er Schmerzen fühlt; und wer weiß, warum uns Gott gezüchtigt, dessen väterliche Rute wohl gemeint, wenn wir uns nur selbst die Besserung nicht unmöglich machen. Und weil aus Obstehendem soviel erscheint, daß vor allen Dingen die Gemüter aufgemuntert und der Verstand erweckt werden müsse, welcher aller Tugend und Tapferkeit Seele ist, so wäre dies meine unvorgreifliche Meinung, es sollten einige wohlmeinende Personen zusammentreten und unter höherem Schutz eine Deutschgesinnte Gesellschaft stiften, deren Absehen auf alles dasjenige gerichtet sein solle, so den deutschen Ruhm erhalten oder auch wiederaufrichten könne. Und solches zwar in den Dingen, so Verstand, Gelehrsamkeit und Beredsamkeit einigermaßen betreffen können, und dieweil solches alles vornehmlich in der Sprache erscheint, als welche ist eine Dolmetscherin des Gemüts und eine Behalterin der Wissenschaft, so würde unter anderm auch dahin zu trachten sein, wie allerhand nachdenkliche, nützliche, auch annehmliche Kernschriften in deutscher Sprache verfertigt werden möchten, damit der Lauf der Barbarei gehemmt und, die in den Tag hinein schreiben, beschämt werden mögen. Weil auch viele nur deswegen übel schreiben, dieweil sie der rechten Schreibekunst nicht berichtet [unterrichtet] und eigentlich zwischen guten und schlechten Büchern nicht wohl zu unterscheiden gewußt, zumal sie sehen, daß mancher Leser so wenig, was gut oder übel geschrieben, zu unterscheiden, als das Huhn die Perle vor einem Gerstenkorn zu schätzen weiß; so würde sowohl den Schreibenden hoffentlich dadurch ein Licht angezündet, als den Lesenden die Augen geöffnet werden. Da man nun dergestalt in kurzer Zeit die Wahl herrlicher deutscher Schriften haben sollte, so bin ich versichert, daß gar bald die Hof- und Weltleute, auch das Frauenzimmer selbst, und was nur sinnreich und wissensbegierig ist, eine große Freude daran haben würden. Dies wird den Gemütern gleichsam ein neues Leben eingießen, in Gesellschaften, auch unter Reisegefährten und bei Briefwechslung angenehme und nützliche Materie an die Hand geben und nicht nur zu einer löblichen Zeitkürzung, sondern auch zu einer Öffnung des Verstandes, Zeitigung [Reifung] der bei uns sonst gar zu spät lernenden Jugend, Aufmunterung des deutschen Muts, Ausmusterung des fremden Affenwerks, Erfindung eigner Bequemlichkeit [angemessener Ausdrucksweise], Ausbreitung und Vermehrung der Wissenschaften, Aufnehmen und Beförderung der rechten gelehrten und tugendhaften Personen und mit einem Wort zum Ruhm und zur Wohlfahrt deutscher Nation gereichen.

Ende

NB. Die Umstände, Art und Weise dieser Gesellschaft sollen absonderlich [gesondert] beschrieben werden.[33]

Zu dieser Ausgabe

Die vorliegende Edition enthält zwei Aufsätze zur Kritik der deutschen Sprache, die innerhalb der nicht sehr umfangreichen deutschsprachigen Produktion von Leibniz besonderes Gewicht haben.
Der Druck folgt der Meinerschen Ausgabe von 1916 (s. Literaturhinweise), einer in Orthographie, Interpunktion und auch sprachlich modernisierten Fassung der von Paul Pietsch in der *Zeitschrift des Allgemeinen Deutschen Sprachvereins* 1907 und 1908 besorgten Edition.
Der Aufsatz »Unvorgreifliche Gedanken betreffend die Ausübung und Verbesserung der deutschen Sprache« hat in der Meinerschen Ausgabe den Obertitel »Von deutscher Sprachpflege«. Dieser Titel stammt nicht von Leibniz; der Herausgeber der Meinerschen Ausgabe, Walter Schmied-Kowarzik, übernahm ihn aus einem lateinischen Brief von Leibniz an Gerhard Meier, in dem Leibniz den Aufsatz als »dissertationunculam meam extemporaneam de linguae Germ. cura« bezeichnet. – Die älteste Handschrift A (um 1697) hat als Titel »Unvorgreifliche Gedanken betreffend die aufrichtung eines Teutsch gesinneten Ordens«; von den Handschriften B und C (wahrscheinlich zwischen 1704 und 1709) hat nur C auf dem Umschlag einen Titel: »Abhandlung von der Verbesserung und Aufnahme der Teutschen Sprache«. – Leibniz hatte die Absicht, diese Abhandlung um 1712 gemeinsam mit anderen sprachwissenschaftlichen Arbeiten herauszugeben, wurde aber durch Reisen und Geschäfte daran gehindert. Sein Sekretär Johann Georg Eccard, der dies mitteilt, besorgte 1717 den Abdruck der ganzen Sammlung. Der Druck erfolgte möglicherweise – nach einer Vermutung von Pietsch – aufgrund einer verlorengegangenen vierten Handschrift D, die zwischen B und C stand. Der Titel lautet hier »Unvorgreifliche Gedanken, betreffend die Ausübung und Verbesserung der Teutschen Sprache«. – Es erscheint mir als richtig, zu dem Titel des Erstdrucks zurückzukehren.
Die »Ermahnung an die Deutschen, ihren Verstand und ihre Sprache besser zu üben, samt beigefügtem Vorschlag einer deutschgesinnten Gesellschaft« ist in Leibniz' eigener Niederschrift erhalten; der Aufsatz wurde erst spät wiederentdeckt und zuerst 1846 von Carl Ludwig Grotefend veröffentlicht. – Als Entstehungszeit werden, nicht ohne Vorbehalte, die Jahre 1682/83 angenommen. Der »beige-

füge Vorschlag einer deutschgesinnten Gesellschaft« hat sich nicht gefunden.

Bei dem hier vorgelegten Text wurden Orthographie und Interpunktion noch einmal überprüft. Die in runde Klammern gesetzten Hinzufügungen stammen von Leibniz selbst; bei den in eckigen Klammern und in kleinerem Schriftgrad erscheinenden Zusätzen handelt es sich um Worterklärungen des Herausgebers; hier wurden die wenigen Worterklärungen der Meinerschen Ausgabe, die dort von den Hinzufügungen Leibniz' nicht unterschieden waren, überprüft und erheblich erweitert.

Die Anmerkungen konnten sich an vielen Stellen auf die (in der Meinerschen Ausgabe großenteils übernommenen) eingehenden Kommentare von Paul Pietsch stützen. Sie wurden überprüft, gelegentlich korrigiert, ergänzt und erweitert.

Anmerkungen

*Unvorgreifliche Gedanken, betreffend die Ausübung und
Verbesserung der deutschen Sprache*

1 Der Vers stammt aus einem Lobgedicht von CLAUDIUS CLAU-
DIANUS (um 400 n. Chr.) auf das 6. Konsulat des weströmischen
Kaisers Honorius (Nr. XXVIII in der Ausgabe von Johann
Matthias Gesner, 1759): »nulla est victoria maior / quam quae
confessos animo quoque subiugat hostes« (Z. 248 f.). Eine Übersetzung gab Leibniz in den Hss. B und C.
2 Die vorhergehenden Zeilen des § 4 fehlen in der Hs. A. Pietsch
ist in Anlehnung an Schmarsow und Neff der Meinung, daß
»diese hoffnungsvolle Äußerung sich nur beziehen kann auf die
Siege Karls von Lothringen und Prinz Eugens im Türkenkriege
bei Mohacs und Zenta und auf die Siege Eugens bei Höchstädt
(1704) und Turin (1706), in letzterer Schlacht unterstützt von den
Preußen unter Leopold von Dessau. Auch Eugens Siege bei
Oudenarde (1708) und Malplaquet (1709) könnten vielleicht
noch in Betracht kommen«. Hieraus schließt Pietsch, daß die
Hss. B und C nicht nach 1709 entstanden sein können, da in den
Jahren 1710/11 ein politischer Umschlag zugunsten Frankreichs
stattfand.
3 *Kabbala* (hebr., ›Überlieferung‹): jüdische Geheimlehre, nieder-
gelegt in den Büchern Jezirah (8./9. Jh. n. Chr., lat. erschienen
1642) und Sohar (13. Jh., lat. 1684). Die Kabbala ist eine mysti-
sche Religionsphilosophie, die aus altjüdischen, pythagoreischen
und neuplatonischen Bestandteilen erwachsen ist; sie fand im
13. Jh. in Spanien ihre klassische Ausprägung. Seit Ende des
15. Jh.s fand die Kabbala das Interesse der christlichen Humanisten. Von ihr beeinflußt sind die christlichen Philosophen Rai-
mundus Lullus (1235–1315), die beiden Grafen Pico von Miran-
dola (gest. 1494 bzw. 1533), Marsilius Ficinus (gest. 1499), ferner
die Deutschen Johannes Reuchlin (gest. 1522), Agrippa von
Nettesheim (gest. 1535), Paracelsus (gest. 1541) u. a.
Leibniz meint anscheinend an dieser Stelle, die Wörter enthielten
zwar nicht im Sinn der Kabbala, wohl aber im Sinn einer klaren
Fassung von Welterkenntnis (»Spiegel des Verstandes«) »Geheimnisse«. Pietsch kommentiert: »Leibniz geht aus von der ja

allgemein bekannten Zeichensprache (›Zeichenkunst‹) der Mathematik. Dagegen habe man früher auf die sog. Kabbala (eine auf jüdischem Boden erwachsene, allmählich in Buchstaben- und Zahlenspielerei ausgeartete Geheimlehre) sich viel zu gute getan und ›Geheimnisse in den Worten gesuchet‹, indem man ihrem Aussprechen oder Niederschreiben geheimnisvolle Wirkungen beilegte. Und in der Tat lägen solche Geheimnisse in den Worten einer ausgebildeten (›wohl-gefasseten‹) Sprache, aber sie bewähren sich nicht, indem man an den Buchstaben herumdeutele, sondern wenn man die Worte *recht* verstehe und gebrauche.«

4 Die an der Ostsee wohnenden bzw. auf der Ostsee Handel treibenden Deutschen, namentlich die Hanseaten (Pietsch).

5 *abgezogen:* von allen anderen Vorstellungen abgezogen, abstrakt.
   abgefeimt: von *abfeimen* oder *abfäumen* ›abschäumen‹ (*Feim* oder *Faum* bedeutet ›Schaum‹), vgl. Joachim Heinrich Campe, *Wörterbuch der deutschen Sprache*, 5 Bde., Braunschweig 1807–11, Bd. 1, 1807, S. 17. Wohl von Leibniz noch nicht im heutigen übertragenen Sinn von ›raffiniert‹, ›durchtrieben‹ gemeint, aber doch schon mit dem deutlichen Nebenton von ›Überfeinerung des Denkens‹ und ›Erkennenwollen lediglich durch Begriffe‹.

6 Der Gedanke findet sich ebenso in dem Aufsatz »Eine deutschliebende Genossenschaft« (Meinersche Ausgabe, S. 58) und in »De optima philosophi dictione« (Meinersche Ausgabe, S. 81).

7 *Prädikamente* oder *Kategorien* sind in der Philosophie einerseits die allgemeinsten Wirklichkeits-, Aussage- und Begriffsformen, die »Stammbegriffe« (Kant), von denen die übrigen Begriffe ableitbar sind, andrerseits die Ur- und Grundformen des Seins der Erkenntnisgegenstände.

8 Unter den *tiefsinnigen Gottesgelehrten* sind nach Pietsch die deutschen Mystiker zu verstehen. Leibniz nennt in einem Brief von 1688 namentlich JOHANNES TAULER (gest. 1361), WILHELM VON RUYSBROEK (gest. 1381), VALENTIN WEIGEL (gest. 1588).

9 Vgl. § 10.

10 *Reindünkler* ist eine von Leibniz polemisch gemeinte Übersetzung des Wortes *Purist*. Campe erwähnt in seinem *Wörterbuch zur Erklärung und Verdeutschung der unserer Sprache aufgedrungenen fremden Ausdrücke*, Braunschweig 1813, S. 508, diesen Verdeutschungsversuch von Leibniz, lehnt ihn jedoch ab,

weil damit jemand bezeichnet werde, »der sich rein dünkt«. In dieser verächtlichen Bedeutung schlägt er statt dessen »Sprachseiher« vor, was an das »Mückenseihen« erinnere. »Im milderem Sinne genommen, kann es durch *Sprachreiniger* übersetzt werden. Auch *Verdeutscher* paßt dafür, wie *Verundeutscher* für den Inpuristen.«

11 Pietsch weist diesen Ausdruck in dem Vorwort von MARIE DE GOURNAY (gest. 1645) zu ihrer letzten Neuausgabe von Montaignes Schriften (1635) nach.

12 Die »Accademia della Crusca« wurde 1582 von dem Dichter ANTONIO FRANCESCO GRAZZINI (1503–84) in Florenz gegründet; sie setzte sich die Pflege und Reinigung der italienischen Sprache zur Aufgabe (vgl. Anm. 13). »Crusca« (ital., ›Kleie‹) soll auf die sprachreinigende Absicht hindeuten. Leibniz bezeichnet sie als die »Gesellschaft des Beuteltuchs«, da man das sogenannte Beuteltuch dazu benutzte, das Mehl von der Kleie zu scheiden. Die Accademia della Crusca war das Vorbild der deutschen Sprachgesellschaften des Barock.

13 Die italienische Schriftsprache hat sich im 13. und 14. Jh. auf der Grundlage des Toskanischen, und zwar besonders des Florentinischen, ausgebildet. Entscheidend war hierbei das Vorbild der großen toskanischen Autoren des 14. Jh.s, Dante, Petrarca, Boccaccio, begünstigt wurde dieser Prozeß durch die zentrale Lage der Stadt Florenz und durch historische Faktoren. Zu Beginn des 16. Jh.s erhob Pietro Bembo in seiner normsetzenden Schrift *Prose della volgar lingua* (1508–25) das Toskanische zur Literatursprache. Das Wörterbuch *Vocabolario degli Accademici della Crusca* (Venedig 1612, 11 Bde; [2]1623, [3]1691) fußte fast ausschließlich auf der (toskanischen) Schriftsprache und vernachlässigte vollständig die gesprochene Sprache.

14 Leibniz übt hier Kritik an dem rigorosen Purismus der »Fruchtbringenden Gesellschaft« (vgl. »Ermahnung«, Anm. 13) und anderer Sprachgesellschaften. Man ersetzte z. B. *Grammatik* durch *Sprachlehre*, *Lexikon* durch *Wörterbuch*, *Verbum* durch *Zeitwort*, *Semicolon* durch *Strichpunkt*, *correspondance* durch *Briefwechsel*, *Labyrinth* durch *Irrgarten*, *liberté de conscience* durch *Gewissensfreiheit*, *Dialekt* durch *Mundart*, *Tragödie* durch *Trauerspiel*, *Autor* durch *Verfasser*, *Nekrolog* durch *Nachruf*, aber auch *Fieber* durch *Zitterweh*, *Natur* durch *Zeugemutter*, *Nonnenkloster* durch *Jungfernzwinger*, *Urne* durch *Leichentopf*,

u. a. m. Vgl. z. B. Adolf Bach, *Geschichte der deutschen Sprache*, Heidelberg ⁹1970, § 164, S. 325–328.

15 Das Englische ist eine aus breiten Entlehnungsvorgängen gespeiste Sprache – z. B. sind in den Bereichen von Verfassung, Verwaltung, Hof, Kunst, Wissenschaft, Titeln und Ämtern die aus dem Französischen übernommenen Vokabeln zahlreich. Interessanterweise ist die sogenannte ›Fremdwortfrage‹ in diesem Sprachraum offenbar kein Problem. Vgl. auch Theodor W. Adorno, »Wörter aus der Fremde«, in: Th. W. A., *Noten zur Literatur. Gesammelte Schriften II*, Frankfurt 1974, S. 216 bis 232.

16 Als *Reichsabschied* wurde ein Beschluß bezeichnet, der von den auf dem Reichstag versammelten Ständen gefaßt und beim »Abschied«, d. h. beim Ende des Reichstages, öffentlich bekannt gemacht wurde.

17 KATHARINA VON MEDICI (1519–89), französische Königin und 1560–63 Regentin für ihren Sohn Karl IX., seit 1533 mit dem späteren König Heinrich II. verheiratet.

18 HENRICUS STEPHANUS (Henri Estienne, 1528–89), dritter Nachfolger in einer bekannten französischen Humanisten- und Buchdruckerfamilie, war wie sein Vater Robert als Gelehrter berühmt. Er gab griechische Schriftsteller und den *Thesaurus linguae Graecae* (1572) heraus. Leibniz bezieht sich hier auf die 1578 geschriebenen *Dialogues du nouveau langage françois italianizé*.

19 Gemeint ist der Westfälische Friede (1648) zu Münster (zwischen dem Deutschen Reich und Frankreich) und Osnabrück (zwischen dem Reich und Schweden), mit dem der Dreißigjährige Krieg beendet wurde, sowie der 1659 nach jahrzehntelangem Krieg zwischen Frankreich und Spanien geschlossene Pyrenäenfriede.

20 Ludwig XIV.

21 Nach Pietsch ist hier JUSTUS GEORG SCHOTTEL (vgl. Anm. 34) gemeint, und zwar dessen *Ausführliche Arbeit von der Teutschen Haubt-Sprache*, Braunschweig 1663, S. 1149–1214 (5. Buch, 4. Tractat). Dort findet sich die Ankündigung: »Unvorgreiflicher Bericht von denen [...] Leuten und Authoribus, welche von Teutschland und von den Teutschen, von Teutschlandes Zustande, Wesen, vorgangenen Geschichten und sonderlich von der Teutschen Sprache und die in der Teutschen Sprache etwas

sonderliches und merkwürdiges so wol vormals als in neulichkeit geschrieben.«

22 Regensburg war seit 1663 (und bis 1806) Sitz des Immerwährenden Reichstages.

23 Leibniz scheint in den §§ 30 und 31 in etwas unbestimmten Worten die Gründung einer Deutschen Akademie vorzuschlagen.

24 Die Vorsilbe *Alt-* bezieht sich allgemein auf die früheren Sprachstufen. In heutiger Terminologie entspräche also vermutlich das *Altgotische* dem Gotischen, das *Altsächsische* dem Altsächsischen und Mittelniederdeutschen, das *Altfränkische* dem Mittelhochdeutschen. – MARTIN OPITZ (vgl. »Ermahnung«, Anm. 22) gab 1639 das frühmittelhochdeutsche Annolied (vor 1105) heraus.

25 Für *Landwort* ist nach Campe (*Wörterbuch der deutschen Sprache*, Bd. 3, 1809, S. 23) besser »Landschaftswort« zu sagen, »ein Wort, das einer Landschaft eigentümlich und meist nur in derselben gewöhnlich ist«. Gebräuchlich war später der Ausdruck »Provinzialismus« (Campe, *Wörterbuch zur Erklärung und Verdeutschung*, S. 506) oder »Provinzialwort« (Gottsched).

26 *Waidsprüche* sind nach Adelung (*Grammatisch-kritisches Wörterbuch der Hochdeutschen Mundart*, 4 Bde., Leipzig 1793 bis 1801, Bd. 4, 1801, Sp. 1450) zunächst »eigentlich gewisse Formeln oder Fragen und Antworten, welche nur allein den hirschgerechten Jägern bekannt sind, und woran sie einander erkennen«. Diese Waidsprüche waren häufig gereimt, üblich im 14. bis 18. Jh. »Im figürlichen Verstande nennt man wohl überhaupt alle Arten von eingeführten Formeln im verächtlichen Verstande Weidesprüche« (ebd.). Sinngemäß auch so bei Campe, *Wörterbuch der deutschen Sprache*, Bd. 5, 1811, S. 640.

27 Leibniz bezieht sich hier auf folgende Wörterbücher: das *Dictionnaire* der französischen Akademie (1694), das nicht den gesamten Wortschatz, sondern das »gute Französisch« (beau français) zu sammeln beabsichtigte, indem es aufgrund der Sprache von 30 Prosaikern und 20 Dichtern sowie der Literatur- und Bildungssprache des 17. Jh.s die gehobene schriftsprachliche Norm feststellte; das *Dictionnaire universel* (teilw. 1684, vollst. 1690) von ANTOINE FURETIÈRE (1619–88), der a l l e Wörter aufnahm, insbesondere also auch die Fachausdrücke und veralteten Wörter; das *Dictionnaire des arts et des sciences* (1694) von THOMAS CORNEILLE (1625–1709), das das gleiche Ziel verfolgte

und das Wörterbuch der Akademie ergänzen sollte; schließlich die *Origines de la langue françoise* (1650, ²1694) von GILLES MÉNAGE (vgl. Anm. 34), das besonders der Wortforschung dienen sollte und deshalb auch die veralteten und volkstümlichen Wörter heranzog.

28 Vgl. Anm. 12.

29 ARMAND JEAN DU PLESSIS, HERZOG VON RICHELIEU (1585 bis 1642), französischer Staatsmann und Kardinal (seit 1622), wurde 1624 unter Ludwig XIII. Erster Minister und somit der eigentliche Leiter der französischen Politik. Er maß der Kunst und Wissenschaft besondere Bedeutung für das Prestige des Staates bei, gründete 1635 die Académie française und förderte Literatur, Musik und Architektur.

30 Furetière war 1684 aus der Akademie ausgestoßen worden; daraufhin beauftragte die Akademie Thomas Corneille mit der gleichen Wörterbucharbeit.

31 In England gab es seit dem frühen 17. Jh. Bemühungen um die Gründung einer englischen Akademie nach italienischem und französischem Vorbild, die ihren Höhepunkt mit Jonathan Swifts *Proposal for Correcting, Improving and Ascertaining the English Tongue* (1712) erreichten, letztlich jedoch zu keinem Ergebnis führten. Ein englisches Wörterbuch, das den großen italienischen und französischen an die Seite gestellt werden konnte, lag erst 1755 mit Samuel Johnsons *Dictionary of the English Language* vor. Leibniz bezieht sich hier möglicherweise auf die Arbeit der 1662 gegründeten »Royal Society«, die 1664 eine Kommission für die Verbesserung der englischen Sprache eingesetzt hatte, welche aber ihre Tätigkeit nach nur wenigen Sitzungen wieder einstellte.

32 Vgl. § 9.

33 Vgl. § 5.

34 JUSTUS GEORG SCHOTTEL (Schottelius, 1612–76), Sprachforscher und Schriftsteller, nach dem Studium der Jurisprudenz herzoglich braunschweigischer Hofmeister, dann Rat und Bibliothekar (als Vorgänger von Leibniz) in Wolfenbüttel. Mit seinem Hauptwerk (*Ausführliche Arbeit von der Teutschen Haubt-Sprache*, 1663) legte er die beste Sprachlehre seiner Zeit vor; er regte die sprachgeschichtliche Forschung vielfach an und machte Vorarbeiten zu einem Wörterbuch.

JOHANN LUDWIG PRASCH (1637–90), Rechtsgelehrter, Sprachforscher und Dichter, trat gleichfalls für die Gründung einer »deutschliebenden Gesellschaft« ein. Neben *Onomasticon latino-germanicum* (1686), *Mysteria linguae Germanicae* (1686) und *Glossarium bavarium* (1689) schrieb er auch eine *Gründliche Anzeige von Fürtrefflichkeit und Verbesserung Teutscher Poesie. Samt einer Poetischen Zugabe* (1680).

DANIEL GEORG MORHOF (1639–91), Dichter und Literarhistoriker, verfaßte 1682 das Werk *Unterricht von der Teutschen Sprache und Poesie, deren Ursprung, Fortgang und Lehrsätzen*, worin er, wie Pietsch berichtet, aufgrund eines umfassenden Wissens der Forschung nach dem Ursprung der Wörter neue sichere Wege wies und den ersten Versuch einer deutschen Literaturgeschichte lieferte. Sein *Polyhistor litterarius* (1688–92) wurde noch bis zu Goethes Zeit benutzt.

GILLES MÉNAGE (1613–92), französischer Dichter und Grammatiker. Seine *Observations sur la langue françoise* (1672 und 1676) waren vor allem kritische Äußerungen zu den *Remarques sur la langue françoise* (1647) von Claude Favre de Vaugelas (vgl. Anm. 79). Er schrieb das erste etymologische Wörterbuch des Italienischen (1669) und das Werk *Origines de la langue françoise* (1650), das unter dem Titel *Dictionnaire étymologique* (2 Bde., 1694) wieder aufgelegt wurde.

OTTAVIO FERRARI (1607–82) schrieb 1676 die *Origines linguae Italicae.*

HENRY SPELMANN (gest. 1641), Altertumsforscher, verfaßte 1626 den *Archaeologus.*

OLE WORM (1588–1654), dänischer Runenforscher, begründete die dänische Runologie mit einem großangelegten Sammelwerk über dänische und norwegische Runeninschriften (*Monumenta danica*, 1643). 1636 schrieb er *Literatura danica antiquissima.*

Verhel: Leibniz meint hier vermutlich den Schweden OLOF VEREL (gest. 1682), der altnordische Sagas mit schwedischer Übersetzung herausgab und ein altnordisches Wörterbuch verfaßt hat, das erst 1691 erschien.

35 JOHANNES ELICHMANN aus Schlesien (gest. 1639), Kenner von 16 Sprachen, besonders des Persischen.

36 Vgl. Tacitus, *Germania* 44–46.

37 Der Begriff eines indoeuropäischen Sprachenzusammenhangs, der erst zu Beginn des 19. Jh.s durch die Begründer der vergleichend-historischen Methode FRANZ BOPP (1791–1867, Haupt-

werk: *Vergleichende Grammatik des Sanskrit, Zend, Armeni-
schen, Griechischen, Lateinischen, Litauischen, Altslavischen,
Gothischen und Deutschen*, 1. Aufl. 1833–52, 2., erw. und über-
arb. Aufl. 1856–61, 3. Aufl. 1868–70) und JACOB GRIMM
(1785–1863, *Deutsche Grammatik*, 4 Bde., 1819–37) formuliert
wurde, fehlt Leibniz noch, ebenso der Oberbegriff ›Germanen‹,
die Vorstellung von der Ausgliederung des Germanischen aus
den indoeuropäischen Sprachen und des Deutschen aus den
germanischen. Die Norweger, Schweden, Isländer sind für ihn
deshalb »Norddeutsche«, die Engländer »halb Deutsche«.
Zu dem in den §§ 42–46 entworfenen kühnen Stammbaum der
»deutschen uralten Sprache« – mehr als hundert Jahre also vor
der Entdeckung des indoeuropäischen und germanischen Sprachenzusammenhangs – und zu dem traditionsreichen ›Argument‹
des Alters der jeweils eigenen Sprache vgl. auch Schmarsow (s.
Literaturhinweise) und Arno Borst, *Der Turmbau zu Babel.
Geschichte der Meinungen über Ursprung und Vielfalt der Sprachen und Völker*, 4 Bde., Stuttgart 1957–63.

38 PIERRE-DANIEL HUET (1630–1721), französischer Bischof, Phi-
losoph und Apologet, 1674 Mitglied der Académie française,
hinterließ zahlreiche Schriften zur Philosophie, Apologetik, Geschichte und Literatur; stand mit Leibniz im Briefwechsel.

39 Das Wort *Welt* hat nach dem *Etymologischen Wörterbuch* von
Friedrich Kluge und Walther Mitzka, Berlin [20]1967, eine andere
Etymologie:
Die mittelhochdeutsche Form heißt *wërlt* bzw. älter *wërelt*, die
althochdeutsche Form *wëralt* oder *worolt*. Seine in den germanischen Dialekten belegte Doppelbedeutung ›Welt‹ und ›Zeitalter‹
läßt sich nur schwer aus e i n e r Grundform begreifen. Man
vermutet in ihm eine Zusammensetzung, als deren erster Bestandteil das noch in unserem *Wergeld* und *Werwolf* erhaltene
germanische *wera ›Mann‹, ›Mensch‹, althochdeutsch *wër*
›Mann‹ gilt und deren zweiter Bestandteil an altnordisch *ǫld*
und angelsächsisch *yld* ›Zeitalter‹ angeschlossen wird. Die ursprüngli-
che Bedeutung des Wortes wäre demnach ›Menschenzeitalter‹,
›Manneszeitalter‹.
Leibniz bewegt sich hier auf dem Weg des assoziativen Etymolo-
gisierens und der Suche nach den Buchstabenbedeutungen, den
Platon im *Kratylos* erörtert hat. – Zu seinem Interesse an der
Frage nach der ursprünglichen ›Richtigkeit‹ der Wörter und an

ihren Grundbedeutungen vgl. das in den Literaturhinweisen genannte Buch von Schulenburg.

40 Im Mittelalter das Recht des Landesherrn, zugezogene Fremde nach Jahr und Tag als leibeigen in Anspruch zu nehmen. Der Kurfürst von der Pfalz forderte das Wildfangsrecht noch im 17. Jh. für alle Länder fränkischen Rechts.

41 JOHANN CHRISTOPH CLAUBERG (1622–65) schrieb neben philosophischen Werken (*Metaphysica de Ente sive ontosophia*, 1664) auch die von Leibniz hier gemeinte *Ars etymologica Teutonum* (1663).

42 Leibniz meint den Bremer Theologen GERHARD MEIER (1646 bis 1703). Pietsch vermutet, Leibniz meine mit den »anderen trefflichen Leuten« hier JOHANN LUDWIG PRASCH (vgl. Anm. 34), der 1689 ein »kleines bayerisches Wörterbuch« geschrieben hatte, JOHANN LEONHARD FRISCH (1666–1743), dessen *Teutsch-lateinisches Wörterbuch*, das nach fünfzigjähriger Arbeit 1741 erschien, den Wortschatz der Schrift-, Standes- und Berufssprachen erfaßt, und vor allem JOHANN GEORG ECCARD (Joh. Gg. von Eckhardt, 1664–1730). Eccard, der seit 1698 Leibniz' Sekretär war, wurde von diesem zu einem Wörterbuch nach der Art desjenigen von Ménage (vgl. Anm. 27) angeregt. Eccard kündigte 1711 ein solches Wörterbuch auch an, entwarf einen Plan und nannte als Förderer und Mitarbeiter an erster Stelle Leibniz.

43 *Professionen* meint hier nicht nur die Handwerke, sondern auch die Gewerbe und gelehrten Berufe. – Es gab z. B. eine kleine Sammlung der »zierlichen, artlichen Wörter des Waydwerks« in Johann Helias Meichßners *Handbüchlein der Orthographie* (1538); die Bergmannssprache wurde bearbeitet in dem *Bergbüchlein* (1534), in Johannes Mathesius' *Sarepta* (1562); in Philipp von Zesens *Rosenmând* (1651) findet sich eine Sammlung von Ausdrücken von Jägern, Bergleuten, Handwerkern und Bauern. Als neuere Beispiele sind u. a. zu nennen: Hans-Rüdiger Fluck, *Arbeit und Gerät im Wortschatz der Fischer des badischen Hanauerlandes*, Diss. Freiburg 1974; Walther von Hahn, *Die Fachsprache der Textilindustrie im 17. und 18. Jahrhundert*, Düsseldorf 1971; Kurt Kehr, *Die Fachsprache des Forstwesens im 18. Jahrhundert*, Gießen 1964.

44 Nach Pietsch könnte Leibniz hier zunächst an den Bergmannssohn MARTIN LUTHER (1483–1546) gedacht haben, der vor allem

als Bibelübersetzer eine »volkstümliche Sprachbelehrung« erreicht hat. In Frage kommt auch JOHANNES MATHESIUS (1504–65), der in der Bergwerkstadt Joachimsthal eine Reihe von Predigten über die vom Bergwerk handelnden Bibelstellen gehalten hat. Diese gab er unter dem Titel *Sarepta* (»Schmelzhütte«) 1562 heraus und vermerkte hier, daß er »viel guter und verständiger Bergleute« Fachgespräche angehört und sich »in den Hütten aufgehalten, gern gefragt, aufgemerkt und fleißig behalten, mit andern wieder davon geredet habe«. Leibniz könnte auch den katholischen Prediger ABRAHAM A SANCTA CLARA (d. i. Ulrich Megerle, 1644–1709) gemeint haben, der seit 1677 in Wien seine volkstümlichen Predigten hielt, die Leibniz bei seinem Aufenthalt in Wien 1687 vielleicht gehört hat. Er schrieb u. a. *Etwas für alle, daß ist kurze Beschreibung allerley Standes-, Ambts- und Gewerbs-Personen* (1699–1711).

45 In der Handschrift hat Leibniz an dieser Stelle in Klammern das lateinische *definire* hinzugesetzt.

46 JEAN BAPTISTE GASTON, HERZOG VON ORLÉANS (gest. 1660) war ein eifriger Sammler von Altertümern und Kunstschätzen.

47 Leibniz hat mit großem Interesse Nachrichten über das zu der Zeit ins Blickfeld tretende Chinesische (die ersten Schriften erschienen 1667 und 1685; 1703 die erste Grammatik) gesammelt (vgl. Schmarsow, S. 89).
Zu dem hier von Leibniz geäußerten Gedanken vgl. Ferdinand de Saussure, *Grundfragen der allgemeinen Sprachwissenschaft*, Berlin ²1967, S. 30 f.: »Es gibt nur zwei Schriftsysteme: 1. das ideographische System, in welchem das Wort durch ein einziges Zeichen dargestellt wird, das mit den Lauten, aus denen es sich zusammensetzt, nichts zu tun hat. Das Zeichen bezieht sich auf das Wort als Ganzes und dadurch indirekt auf die Vorstellung, die es ausdrückt. Das klassische Beispiel für dieses System ist die chinesische Schrift. 2. das im allgemeinen phonetisch genannte System, welches die Abfolge der Laute, die im Wort aufeinander folgen, wiederzugeben sucht. [...] Für die Chinesen sind das Ideogramm und das gesprochene Wort auf gleiche Weise Zeichen der Vorstellung. Für sie ist die Schrift eine zweite Sprache, und wenn in der Unterhaltung zwei Wörter gleichlauten, greift man dort etwa dazu, seine Gedanken durch das geschriebene Wort zu erklären.«

48 ERHARD WEIGEL (1625–99), Professor der Mathematik in Jena,

Lehrer von Leibniz 1664, ging davon aus, daß die unserem Zahlensystem zugrunde liegende Dekade (Zehnzahl) zu groß sei und manche Nachteile beim Rechnen mit sich bringe. Er schlug die Tetraktys (Vierzahl) als grundlegende Gruppeneinheit vor und suchte nachzuweisen, daß sie allein natur- und zweckmäßig sei.

49 Es war ein wichtiger Programmpunkt der Fruchtbringenden Gesellschaft, zur Förderung der Muttersprache gute deutsche Übersetzungen ausländischer Werke herzustellen. So übersetzte z. B. ihr Gründer, Ludwig Fürst von Anhalt-Köthen, die *Trionfi* des Petrarca und andere italienische Werke. Von Martin Opitz gibt es u. a. die Übersetzungen der *Troerinnen* von Seneca (1625) und der *Antigone* des Sophokles (1636), Bearbeitungen italienischer Opern und des *Hohen Liedes*, eine Übersetzung von John Barclays *Argenis* (1626), die das Muster eines Romans in deutscher Sprache wurde, sowie seine Psalmenübersetzung (1637). Dietrich von Werder übertrug Tassos *Befreites Jerusalem* und Ariosts *Rasenden Roland*, Wilhelm von Kalchheim-Lohausen übersetzte die Werke Sallusts.

50 *ineptus:* ›den Umständen nicht angepaßt‹ (Cicero, *De oratore* II,4,17 f.).

51 *Schäferei von der Nymphe Hercynia*, 1630; *Argenis*, 1626/31 (Übersetzung des lateinischen Romans von John Barclay, 1621); *Arcadia*, 1638 (dieser englische Roman von Philip Sidney wurde von Opitz aufgrund der ersten Übersetzung von Valentinus Theocritus von Hirschberg – ein Pseudonym für Opitz selbst? –, 1629, überarbeitet).

52 Der *durchlauchtigste Autor* ist ANTON ULRICH, HERZOG VON BRAUNSCHWEIG (1633–1714), seine Romane *Die durchleuchtigste Syrerin Aramena* (1669–73) und *Oktavia* (1677) wurden mehrmals aufgelegt. Mit Anton Ulrich von Braunschweig starb das letzte Mitglied der Fruchtbringenden Gesellschaft.

53 JOHANN WILHELM VON STUBENBERG (1619–88), übersetzte aus dem Italienischen und Französischen, vor allem aber auch Werke des Engländers Francis Bacon.

54 PHILIPP VON ZESEN (1619–89), bedeutsam als politischer Publizist und Romanschriftsteller, Gründer der »Deutschgesinnten Genossenschaft« (um 1643). Er übersetzte die beiden Werke *Ibrahim Bassa* (1645) und *Sophonisbe* (1647) aus dem Französischen der Madeleine de Scudéry (1607–1701).

55 *Willkür* meint hier allgemein die durch Mehrheitsbeschluß zustande gekommenen Satzungen, rechtlichen Bestimmungen, Statuten und Gesetze einer öffentlichen Institution.

56 Der *Froschmäuseler* (1592) von GEORG ROLLENHAGEN (1542 bis 1609).
Der *deutsche Rabelais* ist JOHANN FISCHARTS (1546–90) *Geschichtschrift* (1575; später, 1582, *Geschichtklitterung* genannt).
Die Übersetzung des 24 Bücher umfassenden französischen Ritterromans *Amadis* (1569–95).
Der *österreichische Theuerdank* ist ein allegorisches Gedicht, entworfen von MAXIMILIAN I. (1459–1519), vollendet (1517) von MELCHIOR PFINZING (1481–1531).
JOHANNES AVENTINUS (d. i. Johannes Turmayr, 1477–1534), schrieb bis 1519, erst lateinisch, dann deutsch, eine *Bayrische Chronik*.
JOHANNES STUMPF (1500–78), schweizerischer Geschichtsschreiber, verfaßte u. a. 1547/48 eine *Gemeiner loblicher Eydgenoschafft Stetten, Landen und Völckern chronik wirdiger Thaaten Beschreibung* in 13 Büchern.
PARACELSUS (d. i. Theophrast von Hohenheim, 1493–1541), Arzt und Naturforscher, verfaßte über 200 Schriften, meist in Frühneuhochdeutsch, z. T. auch Lateinisch.
HANS SACHS (1494–1576), Schuhmacher und Dichter, bekanntester Vertreter der bürgerlichen, nichtgelehrten Literatur des 16. Jh.s, schrieb über 200 Meistersänge, Reimreden, Dramen und Fastnachtspiele.

57 Vgl. Äsops Fabel »Die Krähe und die Vögel« (Nr. 103 in: *Corpus fabulorum Aesopicarum*, hrsg. von August Hausrath und Herbert Hunger, Leipzig 1970).

58 *wardieren*: Adelung verzeichnet es als ein »noch hin und wieder in dem Berg- und Münzwesen übliches Wort«, das »den Gehalt vermischter Metalle und Mineralien untersuchen und bestimmen« bedeutet (*Grammatisch-kritisches Wörterbuch der Hochdeutschen Mundart*, Bd. 4, 1801, Sp. 1387), allgemein also ›schätzen‹, ›den Wert bestimmen‹. Ebenso Campe im *Wörterbuch zur Erklärung und Verdeutschung*, S. 609, und im *Wörterbuch der deutschen Sprache*, Bd. 5, 1811, S. 572. Adelung vermerkt, daß das Wort im Niedersächsischen noch um 1800 mit der Bedeutung ›den Wert bestimmen‹ gebräuchlich sei.

59 Mit *Schlump* bezeichnet man im Niederdeutschen einen ›glücklichen Zufallstreffer‹.

60 DANIEL HEINSIUS (1580–1655), niederländischer Dichter und Philologe, seit 1605 Professor in Leiden, schrieb als erster Gedichte im klassizistischen Stil.

JACOB CATS (1577–1660), niederländischer Dichter und Staatsmann. Seine Gedichte besaßen lange Zeit Volksbuchcharakter.

HUIGH DE GROOT (1583–1645), niederländischer Rechtsgelehrter, Staatsmann und Dichter, besonders durch völkerrechtliche Abhandlungen bekannt.

JOOST VAN DEN VONDEL (1587–1679), der wohl größte niederländische Renaissancedichter. Er schrieb Spottgedichte, historische, vaterländische, kirchlich-religiöse Gedichte, ferner Übersetzungen Ovids, Vergils und der Psalmen. Neben freien Metren verwendete er gern den Alexandriner und das Sonett. Nach griechischem Muster verfaßte er 32 Dramen.

61 *Abführung*: heute *Ableitung*.

62 In heutiger Terminologie: semasiologisch oder onomasiologisch.

63 STEPHANUS DOLETUS (Etienne Dolet, 1509–46), Buchdrucker in Lyon, veröffentlichte zeitgenössische und lateinische Autoren sowie eigene, meist philologische Schriften, übersetzte einige Werke Ciceros und Dialoge Platons; Gegner von Erasmus von Rotterdam, wegen Verbreitung häretischer Schriften hingerichtet. Hauptwerk: *Commentarii linguae latinae* (2 Bde., 1536–38).

HADRIANUS JUNIUS (1511–75), holländischer Gelehrter, Naturforscher, Arzt und Philologe. Er übersetzte griechische Werke ins Lateinische. Sein lateinisch-griechisches Wörterbuch *Nomenclator* (1567) widmete er Eduard VI. von England.

NIKODEMUS FRISCHLIN (1547–90), humanistischer Philologe und Dichter, verfaßte lateinische Gedichte, Dramen und Komödien, in denen er das lateinische Schuldrama und das protestantische Volksschauspiel zu verschmelzen suchte. Leibniz bezieht sich hier auf seinen *Nomenclator trilinguis* (1586).

JOHANNES JONSTON (1603–75), Arzt, Naturforscher, insbesondere Zoologe und Polyhistor. Seine Hauptarbeit, die *Historia animalicum*, 1649–53 in vier Abteilungen erschienen, wurde bis Linné als Elementarwerk der ›Naturgeschichte‹ benutzt.

64 Das Buch über den »Reichtum der Volkssprache« von FRANCESCO ALUNNO (d. i. Fr. del Bàilo, 1485–1556) erschien 1543.

65 Weitaus die meisten Wörterbücher, die seither entstanden sind,

enthalten alphabetisch angeordnete Worterklärungen, verfahren also semasiologisch; vgl. aber Franz Dornseiff, *Der deutsche Wortschatz nach Sachgruppen*, Berlin ⁵1959.

66 Pietsch zählt die *Nebendiktionarien* auf, die zur Zeit von Leibniz schon erschienen waren:
Epitheta und Phrasen: GEORG PHILIPP HARSDÖRFFER (1607–58), »Verzeichnis poetischer Beschreibungen, verblümter Redensarten [...]«, in seinem *Poetischen Trichter* (3. Teil, 1653); ANDREAS TSCHERNING (1611–59), *Deutsche Schatzkammer von schönen und poetischen Redensarten* (1658); GOTTFRIED VON PESCHWITZ (1631–96), *Jüngst erbauter hochdeutscher Parnaß d. i. Anmutige Formeln [...]* (1663).
Prosodien: Beginnend bei MARTIN OPITZ, *Buch von der Deutschen Poeterey* (1624); zahlreiche weitere Werke bis zu MAGNUS DANIEL OMEIS (1646–1708), *Gründliche Anleitung zur Teutschen Reim- und Dichtkunst* (1704).
Reimwörterbücher: Als solches zu benutzen war schon das 1540 erschienene *Novum dictionarii genus [...]* des ERASMUS ALBERUS (1500–53), da es die Worte nach den Endsilben anordnete. PHILIPP VON ZESEN (1619–89) gab seinem *Hochdeutschen Helikon* (1640) im Anhang einen »Anzeiger« deutscher Reimwörter bei. Breite Wirkung hatte JOHANN HÜBNER (1668–1731), *Poetisches Handbuch, nebst einem vollständigen Reimregister* (1696).

67 Vgl. »Ermahnung«, Anm. 31.

68 Κόρη: griech., ›Mädchen‹, ›Jungfrau‹. Leibniz denkt hier an das Wort *Hure*.

69 Auf die meißnische Kanzleisprache hatte sich Luther bei seiner Bibelübersetzung (Neues Testament 1522, vollst. 1534) gestützt und damit wesentlich zur Entstehung einer deutschen Schriftsprache beigetragen. Die Sprache der Meißner galt folglich als das beste Deutsch – mit Abstrichen allerdings, wie Leibniz hier nachzuweisen sucht. Eine allgemeine Standardisierung der Schriftsprache auf der Grundlage des meißnischen Sprachgebrauchs setzte erst Gottsched Mitte des 18. Jh.s durch.

70 Pietsch kommentiert, daß Leibniz mit dem Beispiel *Zeiger* nicht recht habe: in dem Ausdruck *der Zeiger schlägt* stehe das Wort *Zeiger* für *Seiger* ›Wanduhr‹; es sei erst durch volksetymologische Umdeutung zu *Zeiger* im heutigen Sinne geworden.

71 Die beiden Verse stammen aus dem Weihnachtslied des 15. Jh.s *In dulci jubilo, singet und seid froh*.

72 *Libellen und Produkten:* »Ausdrücke der Rechtspflege von etwas schwankender Bedeutung. Libell bezeichnet meist das Schriftstück, in dem die Klage begründet wird; Produkt ein solches, in dem der Beweis durch Zeugnisse geführt wird« (Pietsch).

73 Aus *Schöppenstuhl* ist unser heutiger Begriff *Schöffengericht* hervorgegangen. Zu seiner Funktion vgl. Campe, *Wörterbuch der deutschen Sprache,* Bd. 4, 1810, S. 260: »In engerer und gewöhnlicherer Bedeutung nennt man Schöppenstuhl einen Gerichtsstuhl, ein Gericht, dessen Beisitzer nach alter Art den Namen Schöppen führen, d. h. eine Behörde, ein Ganzes von Rechtsgelehrten, welche die Gesetze auf die ihnen vorgelegten Fälle anwenden und bloß Antworten und Entscheidungen geben, wodurch es sich von einem Gerichte in engerer Bedeutung, welches diese Aussprüche vollzieht, unterscheidet.«

74 Leibniz meint in diesem Paragraphen vermutlich, man könne das deutsche und das fremde Wort nebeneinander gebrauchen (»versetzen«), so daß sie einander zunächst erklären und dann ersetzen könnten. Vgl. auch den nächsten Paragraphen.

75 Martin Opitz, »Preislied auf ›Danielis Heinsij Niderländische Poemata‹«, in: M. O., *Teutsche Poemata,* Abdr. der Ausg. von 1624, hrsg. von Georg Witkowski, Halle 1902, S. 25.

76 Im deutschen Sprachgebiet gab es jahrhundertelang ein Nebeneinander von Fraktur und Antiqua. Als Fraktur bezeichnet man die gebrochene, »deutsche« Schrift, die um 1500 aus der Gotischen Minuskel hervorging und erstmals in einem Gebetbuch 1513 im Buchdruck verwendet wurde. Antiqua, die gerundete, »lateinische« Schrift, beruht auf der Karolingischen Minuskel (um 780) und wurde ab 1460 von der italienischen Renaissance benutzt. Während sich in Süd- und Westeuropa, gefördert durch den Humanismus, die Antiqua-Schrift durchsetzte, blieb in Mittel- und Osteuropa bis ins 20. Jh. die Fraktur erhalten. Üblicherweise wurden deutsche Texte in Fraktur gesetzt, Fremdwörter innerhalb dieser Texte jedoch in Antiqua (z. T. mit Flexionsendungen in Fraktur). In Deutschland wurde die Fraktur aus Zweckmäßigkeitsgründen erst 1941 abgeschafft. Vgl. auch § 96.

77 Einhart, der Biograph Karls des Großen, berichtet, daß Karl eine deutsche Grammatik verfassen lassen wollte; s. *Vita Caroli Magni,* Kap. 29: »inchoavit grammaticam patrii sermonis«.

78 Die älteste der von Franzosen verfaßten Grammatiken stammt

von Bense du Puis (vor 1651); eine weitere von Nathanael Duez erschien 1668.

79 Claude Favre de Vaugelas (1585–1650), französischer Literat, beherrschte mehrere Sprachen, fertigte u. a. Übersetzungen aus dem Spanischen und Lateinischen an, hatte maßgeblichen Anteil an der Ausbildung des Französischen zur europäischen Kultursprache im 17. Jh. In seinen *Remarques sur la langue françoise* (erstmals 1647) setzte er als Norm den »bon usage«, also die Sprache des Hofes. Als Autorität in allen Fragen des Stils, der Wortwahl und der Grammatik anerkannt, wurde er von der Académie française, deren Mitglied er war, mit der Abfassung ihres *Dictionnaire* (erschienen 1694) beauftragt, das normativen Anspruch erhob. Vgl. auch Anm. 27.

80 Vgl. die Anm. 27 und 34.

81 Dominique Bouhours (1628–1702), französischer Schriftsteller, Jesuit und Erzieher der Söhne adeliger Familien. In seiner Zeit galt er vor allem als Autorität in Sprach- und Stilfragen und als Erbe Vaugelas'. Seine Absicht, der französischen Sprache ein Höchstmaß an Klarheit zu geben, legte er in seinen *Doutes* (1674) und den *Remarques nouvelles sur la langue françoise* (1675) dar.

82 Alessandro Tassoni (1565–1635), kämpfte als Dichter gegen die Petrarca-Nachahmung und den ›Schwulst des barocken Stils‹. Seine *Bemerkungen über das Wörterbuch der Crusca* erschienen 1698.

83 Vergils *Bucolica*, Ekloge 3,108.

84 Christian Weise (1642–1708), Pädagoge und Dichter, sah seine Aufgabe in der Reform des Gymnasiums von der alten Lateinschule zu einer modernen Ausbildungsstätte für die Beamten des Staatsdienstes. Zu diesem Zweck bildete er die Rhetorik aus einer humanistischen zu einer auf die Praxis bezogenen ›politischen‹ Disziplin um und schrieb mehr als 50 Dramen für das Schultheater als Beispiel der praktischen Einübung seiner oratorischen Prinzipien. Weise, der den seiner Überzeugung nach hochtrabenden und schwülstigen Stil der Schlesischen Dichterschule (z. B. Lohenstein und Hofmannswaldau) bekämpfte und ein Anwalt des natürlichen Stils war, war seinerseits nicht selten Zielscheibe der Kritik. Auch Gottsched z. B. fand, er habe »vielmahls gar zu natürlich geschrieben« (vgl. Blackall, S. 118).

85 Leibniz meint an dieser Stelle die von ihm intendierte deutsche Sprachgesellschaft. Zu dem Ausdruck *deutschgesinnter Orden*

vgl. August Schmarsow (Hrsg.), *Leibniz und Schottelius. Die Unvorgreiflichen Gedanken*, Straßburg 1877, S. 37: »Wie nämlich in der Überschrift statt ›Verbesserung und Ausübung der Teutschen Sprache‹ ursprünglich ›Aufrichtung eines Teutschgesinnten Ordens‹ als Inhalt und Zweck der Abhandlung angegeben war, so wurden ähnliche Ausdrücke, die sich in diesem Original finden, in der Eccardischen Redaction durch unbestimmtere ersetzt. Am Ende gar sind dort die letzten Paragraphen weggelassen und statt ihrer der passende Inhalt der letzten beiden Sätze in den Schlußsatz 114 des Druckes zusammengefaßt. Die sechs Paragraphen (114 bis 119) des Originals aber enthalten eine eigenthümliche Zuspitzung auf das spezielle Ziel, die Stiftung des Teutschgesinnten Ordens.«

Ermahnung an die Deutschen, ihren Verstand und ihre Sprache besser zu üben

1 Leibniz spielt hier wohl auf den zweiten Raubkrieg Ludwigs XIV. 1672–78 an, der sich zunächst gegen Holland richtete.
2 Vgl. Joel 3,23: »ZUr selbigen Zeit / werden die Berge mit süssem Wein trieffen / vnd die Hügel mit Milch fließen / vnd alle Beche in Juda / werden vol Wassers gehen / Vnd wird eine Quelle vom Hause des HERRN her aus gehen / der wird den strom Sittim wessern« (D. Martin Luther, *Die gantze Heilige Schrifft Deutsch. Wittenberg 1545*, letzte zu Luthers Lebzeiten ersch. Ausg., hrsg. von Hans Volz unter Mitarb. von Heinz Blanke, Textred. Friedrich Kur, 2 Bde., Darmstadt 1972).
3 Leopold I. (geb. 1640), deutscher Kaiser (1658–1705) aus dem Hause Habsburg; unter seiner Regierung wurde Österreich zur Großmacht.
4 *mit Exekution übereilt:* durch das übereilte Handeln der Zentralgewalt übergangen.
5 Vgl. Anm. 1. Die folgende Anspielung bleibt unklar.
6 Dieser Bericht des NICCOLÒ MACHIAVELLI (1469–1527) über deutsche Verhältnisse ist, wie Leibniz selbst erwähnt, schon in den älteren Ausgaben seiner Schriften enthalten (zuerst 1550). Der Bericht ist datiert vom 17. Juni 1508. In der Ausgabe der Werke Machiavellis von Passerini u. a. steht er Bd. 6 (1877), S. 313 ff.; in Zieglers deutscher Übersetzung Bd. 2 (1833), S. 43 ff.

7 Traiano Boccalini (gest. 1613) veröffentlichte 1612/13 u. d. T. *Ragguaglie di Parnaso* (»Nachrichten vom Parnassus«) Satiren gegen den spanischen Einfluß in Europa, die in lateinischer Übersetzung 1683 in Hamburg erschienen. – Deutschland wird nach Pietsch nur in der 64. Nachricht erwähnt, die von der Gewissensfreiheit handelt.

8 Leibniz denkt hier an die Städte Erfurt und Braunschweig (die Namen sind in der Handschrift gestrichen). Erfurt wurde 1664 dem geistlichen Kurfürstentum Mainz, Braunschweig 1671 dem Herzogtum Wolfenbüttel einverleibt.

9 *Stapelgerechtigkeit* ist das Recht eines Ortes, alle oder gewisse durch seinen Bezirk transportierte Handelsgüter anzuhalten und eine Zeitlang zum Verkauf zu stellen. Der Begriff bezeichnet allgemein aber auch das Recht eines Ortes, Jahrmärkte abzuhalten und Handel zu treiben. Vgl. Campe, *Wörterbuch der deutschen Sprache*, Bd. 4, 1810, S. 594.

10 Gemeint ist der Westfälische Friede von 1648 (vgl. »Unvorgreifliche Gedanken«, Anm. 19).

11 Vgl. 4. Mose 11,29: »Aber Mose sprach zu jm / Bistu der Eiferer fur mich? Wolt Gott / das alle das volck des HERRN weissaget / vnd der HERR seinen Geist vber die gebe« (Quelle vgl. Anm. 2).

12 Prometheus gilt in der antiken Überlieferung vielfach als der Schöpfer des Menschengeschlechts; er habe die Menschen nach dem Bild der Götter aus Lehm und Wasser modelliert. Zudem ist Prometheus der Wohltäter der Menschen; er brachte ihnen nicht nur das Feuer, sondern auch alle Künste, geistige und körperliche Fertigkeiten.

13 Vgl. Anm. 10.

14 Vgl. »Unvorgreifliche Gedanken«, Anm. 13.

15 Papst Leo X. (Giovanni de Medici, geb. 1475 als Sohn Lorenzos des Prächtigen, gest. 1521 in Rom) regierte von 1513 bis 1521, berühmt als Erneuerer der römischen Universität, als prachtliebender Bauherr und Förderer des geistigen Lebens. Der Ablaßhandel zur Finanzierung des Neubaus der Peterskirche gab 1517 Anlaß zum Hervortreten Luthers.

16 Franz I., König von Frankreich (1494–1547). Regierte seit 1515, berühmt als Förderer der französischen Sprache und Dichtung (Collège de France), der bildenden Kunst (Louvre) und als Bauherr (Schlösser von Blois und Fontainebleau).

17 Vgl. »Unvorgreifliche Gedanken«, Anm. 29.

18 Anspielung auf die »Fruchtbringende Gesellschaft« (»Palmenorden«), die älteste deutsche Sprachgesellschaft, 1617 unter der Führung von Ludwig von Anhalt in Weimars alter Residenz Hornstein von einer Gruppe deutscher Adeliger nach dem Vorbild der italienischen Accademia della Crusca gegründet. In ihr waren vertreten die fürstlichen Häuser Hohenzollern (in der Person des Großen Kurfürsten), Braunschweig-Lüneburg, Pfalz, Hessen, Schleswig-Holstein, Sachsen-Weimar, Sachsen-Gotha, Schwarzburg, Reuß, Schaumburg, Lippe, Liegnitz-Brieg, Beutheim-Steinfurt, Hanau. Die Mitglieder hatten sich verpflichtet, nicht nur die deutsche Sprache, sondern mit ihr zugleich »alle Ehrbarkeit, Tugend und Höflichkeit« zu fördern. Ihr Emblem war der »indianische Palmbaum« (Kokospalme).

19 Zu den *Gelehrten* der Mitglieder der Fruchtbringenden Gesellschaft gehörten vor allem die Sprachgelehrten Martin Opitz (als Verfasser des *Buchs von der Deutschen Poeterey*), sein Schüler August Buchner, Professor der Poesie in Wittenberg (gest. 1661), die Grammatiker Christian Gueintz und Justus Georg Schottel, ferner Georg Philipp Harsdörffer, Johann Michael Moscherosch, Johann Rist, Friedrich von Logau, Kaspar Stieler, Johann Matthias Schneuber, Philipp von Zesen, Georg Neumark und Andreas Gryphius. Als gelehrte Vertreter der übrigen Fächer sind fast nur noch Juristen zu nennen.

20 Der eine Person umhüllende Nebel ist bei Homer ein oft wiederkehrendes Motiv; seine verschleiernde Wirkung schützt vor Gefahren und Erkanntwerden. Vgl. z. B. *Ilias* 5,776, *Odyssee* 7,15 und 13,189.

21 Leibniz meint die Buchhändlermessen, die seit etwa 1470, zu Ostern und im Herbst, in Leipzig und Frankfurt a. M. stattfanden.

22 Martin Opitz (1597–1639), Dichter und Sprachgelehrter, setzte sich 1617 in seiner lateinischen Rede *Aristarchus* für die Schaffung einer deutschen Nationalliteratur ein und verfaßte in seinem *Buch von der Deutschen Poeterey* (1624) die erste und folgenreichste Barockpoetik. Im gleichen Jahr zum Dichter gekrönt. Seine *Acht Bücher deutscher Poematum* (1625) wurden zu einem Lehrbuch der deutschen Dichtung des 17. Jh.s. Seit 1629 Mitglied der Fruchtbringenden Gesellschaft.

23 Paul Fleming (1609–40), Barocklyriker, bedeutendster Opitz-Schüler, 1631 zum Dichter gekrönt. Sein Werk umfaßt vor allem

liedhafte Sonette, Liebes-, Trink-, Fest- und Gelegenheitsgedichte, Vaterlandslieder und geistliche Gesänge (*Klagegedichte über das unschuldige Leiden und Tod unsers Erlösers Jesu Christi*, 1632).

24 Nach Campe, *Wörterbuch der deutschen Sprache*, Bd. 4, 1810, S. 277, der sich auf Stieler (*Der Teutschen Sprache Stammbaum und Fortwachs oder teutscher Sprachschatz*, 1691) bezieht, ist *Schriftler* »ein Wort wie Schreibler, der Verfasser einer Schrift oder eines Schriftchens, wenn man ihn verächtlich bezeichnen will«. Das Wort *Schriftsteller* in der Bedeutung ›Verfasser literarischer Werke‹ ist nach Kluge/Mitzka, *Etymologisches Wörterbuch*, S. 680, erst seit 1723 nachgewiesen.

25 Nach Pietsch denkt Leibniz hier wohl an JAKOB BÖHME (1575–1624), der als Schuhmacher ein »schlichter«, einfacher Mann war. Böhme gab seit 1612 mystisch-philosophische Schriften heraus. Er war Autodidakt. Seine Freunde nannten ihn »Philosophus Teutonicus«. Als seine Schrift *Aurora* (1612) Leser und Anhänger fand, wurde ihm wiederholt das Schreiben verboten.

26 Leibniz denkt vermutlich an die deutschen Mystiker und volkstümlich-religiösen Schriftsteller, zu denen auch Jakob Böhme gehört. Vgl. auch »Unvorgreifliche Gedanken«, Anm. 8.

27 Vgl. »Unvorgreifliche Gedanken«, Anm. 16.

28 Demosthenes (4. Jh. v. Chr.) und Cicero (1. Jh. v. Chr.), die berühmtesten Redner der Antike, waren für die späteren Jahrhunderte die unerreichten Meister der Redekunst.

29 Erziehung hat nach Leibniz einen größeren Einfluß auf die ›Bildung‹ eines Volkes als das auch im 18. Jh. viel berufene Klima.

30 Der Name *Rotwelsch*, seit 1250 bekannt, bezeichnet eigentlich die Sondersprache der Nichtseßhaften und Gauner und bedeutet wohl ›unechtes Welsch‹, eine künstlich verfremdete, unverständliche Sprache. Leibniz kennzeichnet hier die Verwendung des Französischen in Kirche und Rechtssprechung in ironischer Weise also als ›künstlich verfremdet und unverständlich‹. Vgl. unser *Kauderwelsch*.

31 PRISCIANUS, lateinischer Grammatiker des 5./6. Jh.s, Lateinlehrer in Konstantinopel. Sein Hauptwerk ist eine um 500 entstandene lateinische Sprachlehre. Diese *Institutio Grammatica*, bestehend aus 18 Büchern, ist die größte bekannte Darstellung der

lateinischen Grammatik, sie wurde im Mittelalter zu einem Standardwerk. Auch in späterer Zeit diente sie den Bearbeitern der lateinischen Grammatik und denen, die mit grammatischen Abhandlungen in ihrer Muttersprache begannen, vielfach als Vorbild.

32 Anspielung auf die oft mehrjährigen Bildungsreisen junger Leute, die bis ins 19. Jh. üblich waren. Leibniz unternahm nach seiner Promotion im Jahre 1667 solche Bildungsreisen, die ihn über Frankfurt a. M. und Mainz auch nach Paris, London und Den Haag führten, bis er sich 1676 endgültig in Hannover niederließ.

33 Die hier angekündigte Ausführung über »Umstände, Art und Weise dieser Gesellschaft« fand sich nicht in Leibniz' handschriftlichem Nachlaß. – Man vergleiche aber Leibniz' »Consultatio« aus dem Jahr 1676, die eine Gesellschaft zur Förderung und zur deutschsprachigen Pflege der Naturwissenschaft vorschlägt und Sprachgesellschaften an der Gründung beteiligen will (Meinersche Ausgabe, S. 84 ff.), seinen kurzen Aufsatz »Eine deutschliebende Genossenschaft« (Onno Klopp, in seiner Ausgabe der *Werke von Leibniz*, Bd. 6, Hannover 1872: 1697; Meinersche Ausgabe: 1671), der gleichfalls Natur- und Sprachwissenschaft zu verbinden sucht und sich in seinen knappen Formulierungen zur Sprache mit der »Ermahnung«, aber auch mit den »Unvorgreiflichen Gedanken« berührt (Meinersche Ausgabe, S. 55 ff.), und schließlich seine frühere »Denkschrift von der Aufrichtung einer Akademie in Deutschland, zur Förderung der Künste und Wissenschaften« aus der Zeit 1670–72, die freilich das Thema Sprache kaum berührt. – Eine Einzeldarstellung der Aufgaben einer Akademie bzw. deutschgesinnten Gesellschaft findet sich in keiner dieser Schriften. – Die detaillierteste inhaltliche Fortsetzung und Erweiterung erfuhr die »Ermahnung« in den »Unvorgreiflichen Gedanken«, an deren Schluß (§§ 114 ff.) einige wenige Bemerkungen zu Verfassung und Gesetz des »deutschgesinnten Ordens« fallen.

Literaturhinweise

Ausgaben

Gottfried Wilhelm Leibniz: Unvorgreiffliche gedancken, betreffend die ausübung und verbesserung der teutschen sprache (De linguae germanicae cultu). In: Illustris viri Godofr. Guilielmi Leibnitii Collectaneae etymologica illustrationi linguarum veteris celticae, germanicae, gallicae aliorumque inservientia. Cum praefatione Jo. Georgii Eccardi. Hannover: Foerster, 1717. S. 255–314.

Leibnizens Ermahnung an die Teutsche, ihren Verstand und Sprache beßer zu üben, samt beigefügten Vorschlag einer Teutschgesinten Gesellschaft. Aus den Handschriften der Königlichen Bibliothek zu Hannover hrsg. von Dr. Carl Ludwig Grotefend. Hannover: Culemann, 1846.

Leibniz und Schottelius. Die Unvorgreiflichen Gedanken. Unters. und hrsg. von August Schmarsow. Straßburg: Trübner / London: Trübner & Co., 1877. (Quellen und Forschungen zur Sprach- und Culturgeschichte der germanischen Völker. Bd. 23.)

Gottfried Wilhelm Leibniz: Ermahnung an die Teutsche, ihren verstand und sprache beßer zu üben, sammt beygefügten vorschlag einer Teutsch gesinten Gesellschaft. Hrsg. von Paul Pietsch. In: Wissenschaftliche Beihefte zur Zeitschrift des Allgemeinen Deutschen Sprachvereins. 4. Reihe. H. 21–30. Berlin: Verlag des Allgemeinen Deutschen Sprachvereins 1902–08. H. 29. S. 292–312.

Gottfried Wilhelm Leibniz: Unvorgreiffliche Gedancken, betreffend die Ausübung und Verbesserung der Teutschen Sprache. Hrsg. von Paul Pietsch. In: Ebd. H. 30. S. 327–356.

Gottfried Wilhelm Leibniz: Abhandlung über die beste philosophische Ausdrucksweise. / Ermanung an die Teutsche, ihren Verstand und Sprache besser zu üben. / Unvorgreifliche Gedanken betreffend die Ausübung und Verbesserung der teutschen Sprache. Hrsg. und erl. von Paul Pietsch. (Zum Gedächtnis an den 14. November 1716.) Berlin: Verlag des Allgemeinen Deutschen Sprachvereins, 1916.

Gottfried Wilhelm Leibniz: Deutsche Schriften. Bd. 1: Muttersprache und völkische Gesinnung. Hrsg. von Walther Schmied-Kowarzik. Leipzig: Meiner, 1916. (Philosophische Bibliothek.

Bd. 161.) [S. 3–24: Ermahnung an die Deutschen, ihren Verstand und ihre Sprache besser zu üben, samt beigefügtem Vorschlag einer deutschgesinnten Gesellschaft; S. 25–54: Von deutscher Sprachpflege. Unvorgreifliche Gedanken betreffend die Ausübung und Verbesserung der deutschen Sprache.]

Weiterführende Literatur

Adorno, Theodor W.: Wörter aus der Fremde. In: Th. W. A.: Noten zur Literatur. Gesammelte Schriften, Bd. 11. Frankfurt 1974. S. 216–232.

Arens, Hans: Sprachwissenschaft. Der Gang ihrer Entwicklung von der Antike bis zur Gegenwart. 2 Bde. Freiburg/München [2]1969.

Du Bellay, Joachim: La Deffence et Illustration de la Langue Françoyse (1549). In: Französische Poetiken. T. 1: Texte zur Dichtungstheorie vom 16. bis zum Beginn des 19. Jahrhunderts. Hrsg. von Frank-Rutger Hausmann, Elisabeth Gräfin Mandelsloh und Hans Staub. Stuttgart 1975. (Reclams Universal-Bibliothek. Nr. 9789 [4].) S. 46–81 [Auszug, deutsch].

Blackall, Eric A.: Die Entwicklung des Deutschen zur Literatursprache, 1700–1775. Mit einem Bericht über neue Forschungsergebnisse 1955–1964, von Dieter Kimpel. Stuttgart 1966.

Bodmer, Johann Jakob / Breitinger, Johann Jakob: Schriften zur Literatur. Hrsg. von Volker Meid. Stuttgart 1980. (Reclams Universal-Bibliothek. Nr. 9953 [5].)

Campe, Joachim Heinrich: Über die Reinigung und Bereicherung der Deutschen Sprache. Dritter Versuch / welcher den von dem königl. Preuß. Gelehrtenverein zu Berlin ausgesetzten Preis erhalten hat / von Joachim Heinrich Campe'n / Herzogl. Braunschweig. Schulrath. Verbesserte und vermehrte Ausgabe. Braunschweig 1794.

Gessinger, Joachim: Sprache und Bürgertum. Sozialgeschichte sprachlicher Verkehrsformen im Deutschland des 18. Jahrhunderts. Stuttgart 1980.

Gossen, Carl Theodor: Von Sprachdirigismus und Norm. Basel 1976. (Basler Universitätsreden. H. 70.)

Gottsched, Johann Christoph: Schriften zur Literatur. Hrsg. von Horst Steinmetz. Stuttgart 1972. (Reclams Universal-Bibliothek. Nr. 9361 [5].)

Heinekampf, Albert: Sprache und Wirklichkeit nach Leibniz. In: History of linguistic thought and contemporary linguistics. Ed. by Herman Parret. Berlin / New York 1976. S. 518–570.

Heinemann, Gustav: [Ansprache bei der Eröffnung des Deutschen Literaturarchivs in Marbach am 16. Mai 1973.] In: Jahrbuch der Deutschen Schillergesellschaft 17 (1973) S. 593–596.

Heintz, Günter: Leibniz und die These vom Weltbild der Sprache. In: Zeitschrift für deutsches Altertum und deutsche Literatur 98 (1969) S. 216–240.

Henne, Helmut: Semantik und Lexikographie. Untersuchungen zur lexikalischen Kodifikation der deutschen Sprache. Berlin / New York 1972. (Studia Linguistica Germanica. Bd. 7.)

Henne, Helmut (Hrsg.): Deutsche Wörterbücher des 17. und 18. Jahrhunderts. Einführung und Bibliographie. Hildesheim / New York 1975.

Heringer, Hans Jürgen (Hrsg.): Holzfeuer im hölzernen Ofen. Aufsätze zur politischen Sprachkritik. Tübingen 1982.

Interdisziplinäres deutsches Wörterbuch in der Diskussion. Hrsg. von Helmut Henne [u. a.]. Düsseldorf 1978. (Sprache der Gegenwart. Bd. 45.)

Jochmann, Carl Gustav: Über die Sprache. Faksimiledruck nach der Originalausgabe von 1828, mit Schlabrendorfs »Bemerkungen über Sprache« und der Jochmann-Biographie von Julius Eckardt. Hrsg. von Christian Wagenknecht. Göttingen 1968. (Deutsche Neudrucke.)

Jochmann, Carl Gustav: Politische Sprachkritik. Aphorismen und Glossen. Hrsg. von Uwe Pörksen, ausgew. und komm. von Uwe Pörksen und Siegfried Hennrich, Hubert Klausmann, Eva Lange, Jürgen Schiewe. Stuttgart 1983. (Reclams Universal-Bibliothek. Nr. 7933 [3].)

Kirkness, Alan: Zur Sprachreinigung im Deutschen 1789–1871. Eine historische Dokumentation. 2 Tle. Tübingen 1975. (Forschungsberichte des Instituts für deutsche Sprache. Bd. 26,1.2.)

Korn, Karl: Sprache in der verwalteten Welt. Freiburg 1959.

Müller, Kurt / Kronert, Gisela: Leben und Werk von Gottfried Wilhelm Leibniz. Eine Chronik. Frankfurt 1969.

Neff, Landolin: Gottfried Wilhelm Leibniz als Sprachforscher und Etymologe. 2 Tle. Heidelberg 1870–71.

Pietsch, Paul: Leibniz und die deutsche Sprache. In: Wissenschaftliche Beihefte zur Zeitschrift des Allgemeinen Deutschen Sprachvereins. 4. Reihe. H. 21–30. Berlin 1902–08. S. 265–371. [Kommentierter Abdruck dreier Abhandlungen Leibniz', vgl. unter »Ausgaben«.]

Pörksen, Uwe: Vom pseudowissenschaftlichen Jargon. In: Neue Rundschau 71 (1974) S. 214–222.

Pörksen, Uwe: Platons Dialog über die Richtigkeit der Wörter und das Problem der Sprachkritik. In: Germanistische Linguistik H. 1/2 (1979) S. 37–50.

Polenz, Peter von: Sprachpurismus und Nationalsozialismus. Die ›Fremdwort‹-Frage gestern und heute. In: Germanistik – eine deutsche Wissenschaft. Frankfurt 1967. (edition suhrkamp. Bd. 214.) S. 111–165.

Schmarsow, August: Leibniz und Schottelius. Die unvorgreiflichen Gedanken, untersucht und herausgegeben. Straßburg 1877.

Schmidt, Franz: Zeichen, Wort und Wahrheit bei Leibniz. In: Studia Leibnitiana. Suppl.-Bd. 3. Wiesbaden 1969. S. 190–208.

Schmitz, Günter: Die Amerikanisierung unserer Sprache. In: Neue Rundschau 87 (1976) S. 238–246.

Schulenburg, Sigrid von der: Leibniz als Sprachforscher. Mit einem Vorwort hrsg. von Kurt Müller. Frankfurt 1973. (Veröffentlichungen des Leibniz-Archivs. Bd. 4.)

Sprachnorm, Sprachpflege, Sprachkritik. Jahrbuch des Instituts für deutsche Sprache 1966/67. Düsseldorf 1968. (Sprache der Gegenwart. Bd. 2.)

Sternberger, Dolf / Storz, Gerhard / Süskind, Wilhelm Emanuel: Aus dem Wörterbuch des Unmenschen. Hamburg 1957.

Thomasius, Christian: Deutsche Schriften. Ausgew. und hrsg. von Peter von Düffel. Stuttgart 1970. (Reclams Universal-Bibliothek. Nr. 8369 [3].)

Nachwort

Sprachkritik hat bei uns keinen hohen Stellenwert. Das gilt einmal für den Bereich der Öffentlichkeit, in der sie eine klägliche Existenz fristet, es gilt aber noch mehr für den Bereich der Sprachwissenschaft. Dabei wären Anlässe zur Sprachkritik durchaus vorhanden, und es gibt auch im deutschen Sprachgebiet geschichtliche Beispiele dafür, daß sie von beträchtlicher Wirkung sein kann.

Für ihr gegenwärtig eher bescheidenes Ansehen scheint es zumindest vier erkennbare Gründe zu geben:

(1) Eine ältere Ursache ist der romantische ›Knick‹, den der Sprachbegriff vor und nach 1800 erfuhr. Danach erschien Sprache weniger als ein von Menschen gemachtes Werkzeug, in das man kritisch und regelnd eingreifen dürfe, sondern vielmehr als ein sich organisch entwickelndes Ganzes, das um so ehrwürdiger, wertvoller, ursprungsnäher erschien, je älter seine Dokumente waren. Auf der Basis dieser Orientierung an einer in der Vergangenheit liegenden Vollkommenheit war eine vorausblickende, zukunftsbezogene Sprachkritik nicht nur schwer möglich, sondern es war auch kaum erlaubt, in die organische Entwicklung der als Subjekt vorgestellten Sprache einzugreifen.

(2) Ein weiterer Grund liegt in der Geschichte des Purismus. Daß Leibniz kein strenger Purist war, ist ausgemacht, selbst Campe war es nur bedingt. Aber das geschichtlich bedingte Anliegen der Puristen des 17. und 18. Jahrhunderts, die Reinigung der deutschen Sprache von der Überzahl französischer Ausdrücke, konnte von einem romantischen Sprachkonzept am ehesten übernommen werden. Es erhielt nun einen anderen Akzent, die Reinigung geschah nicht mehr im Namen der Gemeinverständlichkeit, sondern des Volksgeistes, als dessen Ausdruck man entschiedener als bis dahin die Nationalsprache ansah: die von fremden, überfremdenden Elementen zu säubern war. Die grotesken Formen, die der

Purismus zu den Zeiten der Hochkonjunktur des National-
gedankens annahm, nach 1870, 1914 und vor allem nach
1933, war eine Belastung sprachkritischer Bemühungen seit
1945.
Eine andere bedauerliche Folge war, daß Sprachkritik häufig
mit Fremdwörterjagd gleichgesetzt wurde.
(3) Ein dritter Grund lag in der öffentlichkeitswirksamen,
etwas engen publizistischen Sprachkritik der fünfziger Jahre
– am »Wörterbuch des Unmenschen«, an der »Sprache in
der verwalteten Welt« – und an der Kritik der Sprachwissenschaft daran. Diese linguistische Kritik ging allerdings von
einem Sprachbegriff aus, der sprachkritische Überlegungen
aus der Wissenschaft weitgehend ausschloß als außerhalb
ihrer Zuständigkeit, außer der Behandelbarkeit gelegen. Es
war insofern kein Zufall, daß in jener Diskussion zwischen
Sprachkritik und Sprachwissenschaft während der sechziger
Jahre von der Sprachwissenschaft zwar mit Recht auf sachli-
che und methodische Fehler der Sprachkritiker hingewiesen,
aber nicht einmal der Versuch unternommen wurde, die
Sprachkritik ernsthaft zu verteidigen und theoretisch wie
praktisch zu begründen. Die Diskussion versandete und
blieb liegen.
(4) Eine vierte Ursache, die nicht neu ist, liegt im Fehlen
einer zentralen Instanz, die – wie zeitweise die Französische
Akademie und zahlreiche andere französische Institutionen
– eine Art Sprachaufsicht ausüben könnte oder doch wollte.
Es gibt aber auch keine Institution, die in Fragen, welche
über grammatische und stilistische Detailprobleme hinaus-
gehen – da ist der Duden zuständig – ein allgemeines Ohr
findet. Das Institut für deutsche Sprache in Mannheim und
die Darmstädter Akademie für Sprache und Dichtung sind
die im übrigen wichtigsten Anwälte der Sprachkritik.

Während des 17. und 18. Jahrhunderts gab es im deutschen
Sprachgebiet entschiedenere sprachkritische Impulse; allerdings waren wohl auch die Steine des Anstoßes gravierender

oder jedenfalls leichter aus dem Weg zu räumen. – In diesen Jahrhunderten war Frankreich das oft beschworene Kontrastbild und Vorbild der deutschen Verhältnisse; auch die Sprachkritik von Leibniz orientierte sich an diesem Gegenbild. Man erlaube daher einen kurzen Seitenblick in diese Richtung.

In Frankreich waren sprachkritische Bemühungen von Anfang an eng verbunden mit der Geschichte eines bis ins hohe Mittelalter zurückreichenden zentralistischen Nationalstaats. Der Zentralismus einer frühen Nation war bestimmend für die französische Sprachgeschichte. Zwar hat es auch hier kaum Eingriffe des Staates in das Getriebe der Sprache gegeben. Berühmt ist nur die »Ordonnance« Franz' I. aus dem Jahre 1539, durch die das Lateinische als Sprache der Verwaltung und der Rechtssprechung verboten und das Französische an seiner Stelle für verbindlich erklärt wurde. Als weniger wirksam wird sich wohl der jüngste dirigistische Eingriff, das Gesetz über die Verwendung von Fremdwörtern, erweisen, das 1976 durch die Regierung Giscard d'Estaing verkündet wurde und das Anglizismen bzw. Amerikanismen, das sogenannte »franglais«, in allen mit dem Verkauf von Waren zusammenhängenden Texten verbot und Zuwiderhandlungen mit Geldstrafen belegte. – Entscheidend gegenüber den wenigen direkten Eingriffen war, daß seit dem hohen Mittelalter die »Sprache des Königs« (langue du roi), der nordfranzösische Dialekt, der mit den Namen Ile-de-France und Paris verbunden ist, die Basis der sprachlichen Norm war. Die sprachkritischen Bemühungen des 16. und 17. Jahrhunderts, die der »Pléiade« und die der Französischen Akademie, orientierten sich fraglos an der »Sprache des Königs«.

Um die Mitte des 16. Jahrhunderts war es jene Gruppe junger Dichter, die Gruppe »Pléiade«, die, beeindruckt von dem Vorbild der italienischen Humanisten, sich entsprechend das Ziel setzte, mit den ›Alten‹ zu wetteifern und in der mißachteten Landessprache etwas zu schaffen, was der antiken Dichtung gleichkommen oder sie übertreffen sollte. Ihr Wortführer Joachim du Bellay schrieb eine Verteidigung der französischen Sprache und formulierte, von einem starken nationalen Impuls getragen, das Programm einer aktiven Kultur des Französischen. »Wir speien nicht die Wörter aus dem Magen hervor wie die Betrunkenen; wir quetschen sie nicht durch den Kehlkopf wie die Frösche; wir zerhacken sie nicht am Gaumen wie die Vögel; wir pfeifen sie nicht mit den Lippen wie die Schlangen«, meinte er. Gegen Ende des 16. Jahrhunderts war dank dem Wirken seines Dichterkreises eine französische Literatursprache entstanden, die dem Lateinischen das Gleichgewicht hielt. – Ein noch stärkerer Anstoß, die ›Vulgärsprache‹ in den Rang einer Kultursprache zu erheben, ergab sich gleichzeitig aus einer, wie Gossen in seiner ausgezeichneten Darstellung schreibt, »Umschichtung in der Hierarchie der Kulturträger«. Das humanistische Milieu verlor an Prestige gegenüber dem aristokratischen, die Universität und der lateinische Gelehrte traten in der Epoche der absoluten Monarchie zurück gegenüber dem Adel und dem weltläufigen »honnête homme«. Infolge dieser Umschichtung hatte das Französische vollends freie Bahn. Mit dem Ideal des »honnête homme« verband sich dasjenige sprachlicher Gesellschaftsfähigkeit, der Beherrschung eines Codes, zu dessen Vorzügen die Kunst des Ausdrucks gehörte und gegen dessen Regeln zu verstoßen lächerlich machte. Die »Sprache des Hofs«, die Konversationssprache einer Oberschicht also, wurde maßgebend für den guten Sprachgebrauch, zunächst im Bereich des gesprochenen, dann des geschriebenen Französisch. Die Bemühungen um diese gesellschaftliche Sprachnorm, den »bon usage«, wurden unterstützt durch die Französische Akademie, die 1635 von Richelieu gegründet wurde. Die Akademie bezeichnete es im Stiftungsbrief als ihre Aufgabe, »à donner des règles certaines à notre langue et à la rendre pure, éloquente et capable de traiter les arts et les sciences«. Ihr Sprecher Claude Favre de Vaugelas war maßgeblich daran beteiligt, die Norm des »bon usage« zu formulieren, und wurde mit der Abfassung eines normsetzenden Wörterbuchs der französischen Sprache beauftragt, das 1694 in erster Auflage erschien. – Im Vorwort dieses Wörterbuchs kam ein Bewußtsein zum Ausdruck, das auch die Literatursprache des 17. Jahrhunderts umfaßte: man lebte in dem Gefühl, es zu einer bis dahin unerreichten Sprachkultur gebracht zu haben. Das Bewußtsein der ›Perfektion‹ lebte in der Weise weiter, daß die Literatursprache des 17. Jahrhunderts, das Werk Racines vor allem, zur klassischen Norm, zum Kanon erklärt und schließlich als Belastung empfunden wurde.

Dieser Vorgang, daß einer Phase der Sprachkritik eine Entwicklung zu einer sprachlich hohen Kultur folgt, hat sich in Deutschland hundert Jahre später wiederholt. Eric Blackall, der den Prozeß in seinem Buch *Die Entwicklung des Deutschen zur Literatursprache 1700–1775* beschreibt, spricht dort von »einem weitverbreiteten Furchtgefühl und einer tiefen Besorgnis«, die seit den letzten Jahrzehnten des 17. Jahrhunderts vorherrschten. »Es stand schlimm um die deutsche Sprache, ›kräftige Arzneien‹ waren notwendig, um ihr zur völligen Gesundung zu verhelfen. [...] Aus dieser Unzufriedenheit ging eine der großen Literatursprachen des modernen Europas hervor. Man kann sich des Gefühls nicht erwehren, daß ohne diese Epoche der Unzufriedenheit sich die deutsche Sprache niemals zu dem entwickelt haben würde, was sie dann tatsächlich wurde. [...] es war kein Wunder. Es war vielmehr ein stetiger und oft durchaus bewußt vorangetriebener Entwicklungsprozeß, an dem sehr unterschiedliche Kräfte teilhatten.«
Die Situation vor 1700 ist zunächst gekennzeichnet durch die Sprachentrennung zwischen Gelehrten und Laien. Latein, die Universalsprache des Mittelalters – der Kirche, des Rechts, der Gelehrsamkeit und überwiegend auch der Dichtung – war bis in die Neuzeit hinein noch Sprache der

Universität geblieben. Die Gelehrten waren eine internationale, also vor allem innereuropäische, Verständigungsgemeinschaft, eine Zunft, die nicht durch nationale Schranken voneinander, sondern durch sprachliche Grenzen von den Laien, dem Volk und auch von der großen ›Welt‹ getrennt war. 1518 waren in Deutschland nur 10 % der Buchproduktion deutsch. 1681 überragte dann zum ersten Mal die Zahl der deutschen Bücher die lateinischen. Ende des 18. Jahrhunderts waren nur noch 5 % der Buchproduktion lateinisch.

Da Französisch die Sprache der Diplomatie, der gebildeten Welt geworden war, gingen im 17. Jahrhundert auch in Deutschland manche Gelehrte zum Französisch über. Dies war ein zweiter Aspekt der sprachgeschichtlichen Situation in Deutschland: die deutsch-französische Sprachmischung. Sie ist im 17. Jahrhundert oft registriert, ironisiert, satirisch gespiegelt worden. Sigmund von Birken machte sie 1645 in einem Gedicht »schertzweis vorstellig«:

> Ich bin nun *deschargirt* von dem *maladen* Leben.
> Mir hat der Maur *facon* genug *disgousto* geben.
> Wo Einfalt *avancirt*, und Unschuld mit *raison*,
> Die *retrogarde* hat / da ist die Sache *bon*.

Der französische Einfluß ging aus von dem Hof des Königs, von vertriebenen hugenottischen Hauslehrern und Gewerbetreibenden, von den fremden Truppen, die im Dreißigjährigen Krieg über das Land zogen, er betraf nicht nur Kleidung und Küche, Konversation und Liebe, er erfaßte überhaupt die gebildete gehobene Schicht in Deutschland, den diplomatischen Verkehr, die Verhandlungssprache in gelehrten Körperschaften, in Akademien z. B., den gesellschaftlichen Umgang: das Bild des gesellschaftlichen Menschen insgesamt. – Ursprung dieses breiten Entlehnungsvorgangs war wohl das Bewußtsein eines Kulturgefälles zwischen Deutschland und Frankreich, des Prestiges der französischen aristokratischen Bildung und Kultur. »Bei Entlehnungen«, schreibt der Sprachwissenschaftler Ullmann, »kommt es vor allem auf das Prestige an.«

Dem entsprach auf der eigenen Seite ein Mangel an nationaler Identität, ein Inferioritätsgefühl, das besonders von dem Vergleich mit Frankreich lebte. Das Land, politisch zersplittert, religiös gespalten seit der Reformation und Gegenreformation, war mehr ein Objekt als ein Subjekt des Dreißigjährigen Krieges und seiner Verheerungen gewesen. Das Gebiet war kein Nationalstaat wie Frankreich, sondern ein loser Verbund von etlichen hundert Hoheitsgebieten unterschiedlicher Größe, die durch die Kaiserkrone, das Heilige Römische Reich Deutscher Nation, nicht mehr zusammengehalten wurden. Es gab keine zentrale politische Gewalt, keine Hauptstadt, keine Akademie. Durch die lutherische Reformation war für eine bestimmte Sprachlandschaft eine Vorentscheidung getroffen, aber es gab noch keine sichere, verbindliche, einheitliche Norm, und es regten sich im 17. und 18. Jahrhundert andere Sprachlandschaften, das Schlesische vor allem und das Alemannische, es gab Tendenzen zu einer neuen Regionalisierung.

Gegen die sogenannte »Sprachmengerei« hat schon am Anfang des 17. Jahrhunderts, vor Beginn des Dreißigjährigen Krieges, eine Gegenbewegung eingesetzt. In Weimar wurde 1617 die »Fruchtbringende Gesellschaft« gegründet, der »Palmenorden«, dessen Hauptaufgabe die Pflege der Muttersprache war. Mitglieder waren die führenden Fürsten und Köpfe der Zeit, Ziel die »Reinerhaltung der deutschen Sprache« und die »Wiederherstellung der deutschen Tugenden«. – Als Mittel erschienen die Eindeutschung französischer Wörter, das Herstellen von Übersetzungen und Dichtungen, die Förderung beider. Poesie galt als ein wesentliches Instrument zur Hebung der Sprache.

Leibniz steht als Sprachkritiker in engem Zusammenhang mit der skizzierten geschichtlichen und sprachgeschichtlichen Situation dieser Zeit, man könnte sagen, er spiegelt die großen Linien des Sprachzustandes im ausgehenden 17. und beginnenden 18. Jahrhundert. Er reagiert auf diese Situation in zwei kleinen deutsch geschriebenen Schriften, die aber zu seinen Lebzeiten unveröffentlicht blieben. Er selbst blieb in seinen Veröffentlichungen meistens beim Latein oder Französischen. Die erste Schrift, »Ermahnung an die Teutsche, ihren verstand und sprache beßer zu üben, sammt beygefügten vorschlag einer Teutsch gesinten Gesellschaft«, wird mit Vorbehalt in die Jahre 1682/83 eingeordnet, die zweite, »Unvorgreiffliche Gedancken, betreffend die Ausübung und Verbesserung der Teutschen Sprache«, entstand 1697; sie hatte ursprünglich den Titel »Unvorgreiffliche Gedancken betreffend die auffrichtung eines Teutschgesinnten Ordens«. Schon aus dem Titel der beiden Schriften geht hervor, daß Leibniz sich an die Tradition der Sprachgesellschaften anschließt und die Gründung einer neuen im Auge hat. Ihre Bedeutung liegt aber darin, daß Leibniz in der Diagnose der Sprachkrise, einem Schwerpunkt der »Ermahnung«, und in den Vorschlägen zur Therapie, dem Hauptakzent der »Unvorgreiflichen Gedanken«, weit über die Sprachgesellschaften des Barock hinausging und daß von den »Unvorgreiflichen Gedanken« eine erhebliche Wirkung ausgegangen ist.

Die »Ermahnung an die Deutschen« verdankt ihren Elan einem starken patriotischen, nationalen Impuls, Blackall nennt sie eine »patriotische Rhapsodie«. Was Leibniz hier »nicht ohne Gemütsbewegung ausschüttet«, enthält manches, das in die Tradition protestantisch gefärbter naiver Obrigkeitshörigkeit und klischeehafter Auffassung des ›modischen‹ französischen und des ›biederen‹ deutschen Volkscharakters gehört. Leibnizens Absichten sind nationalpädagogisch, und er befindet sich dabei in Rivalität mit Frankreich und über Frankreich, an dessen du Bellay er erinnert, mit den Glanzzeiten der römischen und griechischen Kultur und Sprachkultur.

Ein Anstoß der Kritik ist dementsprechend die deutsch-französische »Sprachmengerei«. Dennoch ist er kein strikter Purist. »Es irren daher diejenigen sehr, welche sich einbilden, daß die Wiederbringung der deutschen Beredsamkeit nur allein in Ausmusterung ausländischer Wörter beruhe. Ich halte dieses für das Geringste [. . .].«

Für wichtiger hält er den Übergang vom Gelehrtenlatein in die Volkssprache. Gewisse Motive der Universitätskritik, das Motiv z. B., die unverständliche Gelehrtensprache könne als Mantel benutzt werden, um eine Blöße zu bedecken, oder die Kritik an der Betriebsblindheit und Praxisferne einer sich in ihrer Zunftsprache abschließenden exklusiven Wissenschaft, finden sich schon bei ihm.

Hinter der Forderung nach einer deutschen Wissenschaftssprache steckt ein aufklärerischer Impuls, die Idee einer allgemeinen Aufklärung und Erziehung und des Austausches der geistigen Güter innerhalb der Nation. Eine – wörtlich zu verstehen – »wohl ausgeübte Muttersprache«, in der die wissenschaftlichen Gegenstände durchsichtig ausgearbeitet sind, führt dazu, daß diese Gegenstände zirkulationsfähig, »kurrente Ware« werden.

Leibniz knüpft an das patriotische Krisengefühl der Sprachgesellschaften an, setzt sich aber in weitreichenden Überlegungen von ihrer Vorstellung, wie man die Sprachkultur fördern könne, ab: er entdeckt die Bedeutung der Sachprosa. Poesie, Reime, Liebesdichtung und Unterhaltungsliteratur scheinen ihm zu leichtgewichtig, als daß der Misere durch sie abzuhelfen wäre. Der Präferenz für »Poeterei« in der »Fruchtbringenden Gesellschaft« setzt Leibniz die Vorliebe für die Prosa als Mittel der Spracherziehung und aktiven Sprachkultur entgegen.

Was er intendiert, ist die breite Erschließung der wissenschaftlichen Gebiete und praktischer Erfahrungsfelder in der Muttersprache. Sein Ideal ist das der Weltoffenheit und Weltläufigkeit. Es ist kein wissenschaftliches, sondern ein gesellschaftliches Ziel, das er verfolgt. Es zeigt sich an vielen Formulierungen, wie sehr ihm nach dem Vorbild der Fran-

zösischen Akademie an der Hebung des allgemeinen Sprachgebrauchs, des »usage«, an jenem »sozialen Kommunika-
tionscode« (Gossen) gelegen ist. Seine abschließende Emp-
fehlung, eine deutschgesinnte Gesellschaft zu gründen und
nachdenkliche, nützliche, auch annehmliche »Kernschriften« in deutscher Sprache zu verfertigen – also einen Kanon
der Sachprosa –, steht im Dienst dieses Gedankens.

In diesem Zusammenhang ist interessant, wie Leibniz
tastend das Porträt eines neuen Publikums entwirft. Er
spricht nicht in erster Linie die professionell Gelehrten an –
Universität, Schule und humanistische Gelehrsamkeit verlieren wie im Frankreich des 17. Jahrhunderts auch bei ihm den
Vorrang –; er denkt ebensosehr an Leute des Hofs und der
Welt und an die »Frauenzimmer« (die dann zu Beginn des
18. Jahrhunderts durch »Wochenschriften« als neues Publikum ›entdeckt‹ wurden). Er meint Leute, die sich, quer
durch alle Stände, über die Interessen des gewöhnlichen
Menschen an Essen und Trinken, Spiel und Klatsch erheben
und sich durch Liebe zur Weisheit und zur Tugend aus-
zeichnen. Ihre Zahl will er nach dem Motto ›Erziehung
überwindet alles‹ vermehren.

Leibniz' Sprachbegriff läßt sich von zwei Seiten her
beschreiben. Er spricht einerseits von der »ausgeübten«
Sprache, dem Stil der öffentlichen mündlichen und schriftli-
chen Rede. Er denkt an die eingefahrenen Konventionen
und ihre Standards, zu denen man z. B. greift, wenn man
in Eile ist, an die vorgeformten oder doch vorbereiteten
Redeweisen in einer umfassenden Gebrauchssprache, den
»usage«, der am besten durch die Rhetorik zu schulen ist.
Leibniz spricht, das verrät auch seine Ausdrucksweise
(»Vernunftschlüsse«, »Erfindungen«, »Wahl«, »Deutlichkeit«, »Zierde«, »Vernunftgründe«) von der seit der Antike
als Stillehre fungierenden Rhetorik.

Zum anderen betont er, wie alle Sprachkritiker, daß zwischen Sprache und geistigem Horizont eine enge Korrelation
bestehe. Sprache ist Spiegel des Verstandes, und dieser Spie-

gel wirkt auf den Verstand zurück. Für den Ausgangssatz aller Sprachkritiker, daß Denken und Sprechen zwei Seiten einer Medaille sind, findet er einprägsame Bilder.

Mit diesen Gedanken beginnt der Aufsatz von 1697, den Leibniz in einem Brief als »dissertationunculam meam extemporaneam de linguae Germ. cura« bezeichnet und der deshalb in der Meinerschen Ausgabe den Titel »Von deutscher Sprachpflege. Unvorgreifliche Gedanken [...]« erhielt. Er konzentriert sich hier auf das ›Wort‹ und entwirft in berühmt gewordenen Formulierungen einen Begriff des sprachlichen Zeichens, aus dem hervorgeht, inwiefern es nicht gleichgültig ist, wie das einzelne Zeichen »gefaßt« und wie es um das gesamte Zeicheninventar einer Sprache bestellt ist. Die Worte sind stellvertretende Symbole und haben zugleich – als »Vorbilder und Wechselzettel des Verstandes« – sachaufschließenden, hinweisenden, abbildenden Charakter. Es liegt einiges daran, daß sie »wohlgefaßt, wohl unterschieden, zulänglich, häufig, leichtfließend und angenehm sind«.

Leibniz erkennt eine Korrelation zwischen Sprache und Geist einer Nation besonders, indem er darauf achtet, wie sie ihren Wortschatz ausgebildet hat, auf welchen Gebieten er differenziert und umfangreich ist, auf welchen Gebieten die Wörter fehlen. Er bemerkt in der deutschen Sprachlandschaft um 1700 eine differenzierte Ausbildung der Sprache in bestimmten konkreten, praktischen Bereichen, in Handwerk und Bergwerk, Jagd und Schiffahrt, und sieht empfindliche Lücken auf der Ebene des Ausdrucks von Gefühlen und Wertungen und auf der abstrakten Ebene, den Bereichen von Logik und Metaphysik – Lücken, die sich bekanntlich im Lauf des 18. Jahrhunderts, spätestens bei Kant und Goethe, schlossen. Die von Leibniz konstatierte Armut der deutschen Sprache im politischen Bereich wird noch von dem Sprachkritiker Carl Gustav Jochmann in seinem Buch *Über die Sprache* (1828) beklagt. – Der andere kritische Aspekt des Wortschatzes ist der breite Vorgang der

Entlehnungen aus dem Französischen, der nach Leibniz verstärkt seit dem Westfälischen Frieden einsetzte und Verwirrung und Unsicherheit hervorrief.

Als Heilmittel schlägt er in etwas unbestimmten Worten (§ 30 f.) die Gründung einer Akademie vor und formuliert als deren Hauptaufgabe die Wörterbucharbeit. Leibniz entwirft in den »Unvorgreiflichen Gedanken« ein umfangreiches lexikographisches Programm, das bis heute nicht in jeder Hinsicht eingeholt ist. Die Wörterbucharbeit soll dazu helfen, die Lücken im Wortschatz der Gegenwartssprache zu schließen. Sie wird hier, in den Anfängen, mit praktischem, kritischem und zukunftszugewandtem Sinn konzipiert; es findet sich noch fast nichts von dem späteren rückwärtsgewandten romantischen Interesse am Wortschatz als der Offenbarung deutschen Geistes und Wesens. Leibniz' Vorbild ist die »Accademia della Crusca«, die 1582 in Florenz gegründet worden war, und vor allem die Französische Akademie.

Er schlägt eine Wörterbucharbeit in drei Abteilungen vor: erstens ein Wörterbuch der Gemeinsprache, das dem französischen »Dictionnaire« von 1694 entsprechen würde; Leibniz nennt es »Sprachbrauch«;

zweitens ein Wörterbuch der Berufs- und Fachsprachen. Von einer Sammlung der »Kunstworte« (Termini) und ihrem Vergleich mit anderen Ländern – er hatte ähnliche Sammlungen in England und Italien angeregt – verspricht er sich einen »Schatz guter Nachrichten«, eine Horizonterweiterung; er nennt dies bis heute nur stückweise verwirklichte Fachwörterbuch »Sprachschatz«;

drittens regt er ein Wörterbuch der Mundarten und des historischen Wortschatzes an. Seine sprachgeschichtlichen Vorstellungen sind etwas unzulänglich: die Erklärung der Etymologie und Grundbedeutung des Wortes *Welt* ist z. B. nicht haltbar, und sein kühner ›Stammbaum‹, der die deutsche »Haupt- und Heldensprache« als eine Art Urform der europäischen Sprachen erscheinen läßt, ist bekanntlich seit den Forschungen von Franz Bopp und Jacob Grimm einer etwas anderen Vorstellung von der Verwandtschaft der indoeuropäischen Sprachen und dem von Leibniz noch als »deutsch«, heute als germanisch bezeichneten Zweig gewichen. Interessant ist aber, welche Bedeutung schon Leibniz der Sprache als Quelle des Historikers zuerkennt, und daß er von einer Aufnahme der Mundarten und historischen Wortschätze Impulse für die Gegenwartssprache erwartet; er nennt dies Wörterbuch »Sprachquell«. – Er schlägt außerdem »Nebendiktionaria« vor, z. B. ein Wörterbuch der Redensarten oder eines der in andere Sprachen entlehnten deutschen Wörter, und fragt sich schon, ob die Wörterbücher alphabetisch und als Worterklärungen (»Deutungsbuch«) oder nach Sachgruppen und als Bezeichnungssammlung (»Benennungsbuch«) anzulegen seien, in der heutigen Terminologie: semasiologisch oder onomasiologisch.

Leibniz nennt als die drei notwendigen Eigenschaften einer Sprache »Reichtum, Reinigkeit und Glanz«. Der »Reichtum« ermöglicht, daß man bei einer Darstellung nicht langatmig umschreiben muß, sondern zu einem prägnanten Wort greifen kann und bei Übersetzungen, dem »Prüfstein« des Reichtums, über ein Äquivalent des fremdsprachlichen Wortes verfügt. Als Quellen der Bereicherung betrachtet er im Gegensatz zum 17. und in Übereinstimmung mit dem 16. Jahrhundert in Frankreich, etwa der »Pléiade«, die älteren Sprach- und Literaturstufen, die Mundarten, Wortneubildung und Einbürgerung entlehnter Wörter. Er tritt dafür ein, aus möglichst nahe verwandten Sprachen zu entlehnen, weil das eine bessere Assimilation des Vokabulars erlaube.

Unter »Reinigkeit« versteht Leibniz nicht nur, was man normalerweise als Programm des Purismus kennt, die Abwesenheit von ›Fremdwörtern‹, sondern zunächst die grammatische Richtigkeit und den Verzicht auf vulgäre, veraltete und provinzgebundene Wörter. Zu der später so genannten ›Fremdwortfrage‹ nimmt er differenziert Stellung: der Gebrauch des Fremdwortes erscheint als soziologisches Problem, seine Häufigkeit wird sich nach dem jeweiligen Sachbereich und Publikum richten. Man soll sich dem Ansturm der fremden Worte sozusagen lavierend widersetzen, sich z. B. um die lautliche Assimilation eingebürgerter Wörter bemühen, wie es Opitz mit dem Wort *Poesie* getan habe. – Was Leibniz unter dem Namen »Reinigkeit« anstrebt, ist eigentlich ›Einheitlichkeit‹, auch der Schrift z. B., vor allem der grammatischen Regeln.

Von dem »Glanz« der Sprache sagt Leibniz nur wenig. Er denkt bei dem Wort ebenso an den Vorrat brauchbarer Wörter und Redensarten wie an die Art, sie zu wählen und zu setzen, und rühmt die angenehme Leichtflüssigkeit der Sprache von Opitz. Er meint also Stil. Stil wird nach Leibniz zu einem guten Teil durch Vorbilder geschult, und er schlägt auch gegen Ende dieses Aufsatzes einen Kanon vor, in diesem Fall der schönen Literatur u n d der Sachprosa.

In dem vielseitigen Werk von Gottfried Wilhelm Leibniz, der 1646 in Leipzig geboren wurde, auf eine Universitätslaufbahn verzichtete und als Dreißigjähriger, nach Aufenthalten in Paris und London, im Dienst des Herzogs von Braunschweig-Lüneburg Rat und Bibliothekar in Hannover wurde, als Fünfundvierzigjähriger auch die Leitung der Bibliothek in Wolfenbüttel übernahm und 1716 in Hannover starb, sind die beiden sprachkritischen Aufsätze kleine Nebenarbeiten. Die Schwerpunkte dieses geistig ausgreifenden Lebens lagen in den Bereichen der Philosophie und Mathematik, der Physik und Technik, des Rechtswesens, der Geschichtsschreibung und der politischen Konzepte und Schriften. In der »Ermahnung an die Deutschen« (1682/83) nahm Leibniz zudem manches auf, was seit Gründung der Sprachgesellschaften in der Luft lag, und in den »Unvorgreiflichen Gedanken« (1692/93) ließ er sich vielfach anregen von seinem Vorgänger in Wolfenbüttel, Justus Georg Schottel (1612–76), insbesondere von dessen Werk *Ausführliche*

Arbeit von der deutschen Hauptsprache (1663). Die beiden Aufsätze sind trotzdem bis heute von Interesse durch die großzügige Klarheit, mit der sie eine Sprachkrise diagnostizieren und Vorschläge zur Verbesserung entwickeln, und sie stehen in engem Zusammenhang mit anderen theoretischen Arbeiten und praktischen Projekten ihres Autors.

Leibniz, der als Jurist begann, ist vielfach eingetreten für den Übergang vom Gelehrtenlatein in die deutsche Wissenschaftssprache. Er selbst schrieb zwar im Gedanken an unmittelbare Wirkung, je nach Erscheinungsort und Adressaten, meist lateinisch oder französisch; die beiden Aufsätze gehören zu dem kleinen Bruchteil seiner deutsch geschriebenen, meist politischen Schriften. Er plädiert aber schon 1666, als Zwanzigjähriger, in seinem »Neuen Verfahren, die Rechtskunde zu lehren und zu lernen«, für einen vermehrten Gebrauch des Deutschen in der Rechtswissenschaft (*Nova methodus*, § 65). Und 1670, in der Einleitung zur Neuausgabe eines Buches von Marius Nizolius, meint er, die deutsche Sprache sei von allen europäischen Sprachen am besten geeignet zur Philosophie, Philosophie solle in der Muttersprache betrieben werden: eine zu diesem Zeitpunkt im deutschen Sprachbereich revolutionäre These (*De optima philosophi dictione*). Leibniz' Argument ist schon hier, wie in den »Unvorgreiflichen Gedanken« (§ 11), daß die deutsche Sprache, die so reich ausgestattet sei mit Ausdrücken für das Wirkliche, sich philosophischen Hirngespinsten (commentitia) verweigere. Die Einführung des Deutschen in die Naturwissenschaft hat er insbesondere in der »Erörterung über die Förderung der angewandten Naturwissenschaft« gefordert (*Consultatio de naturae cognitione ad vitae usus [...]*). Er war allerdings nicht der Ansicht, daß das Lateinische aus Wissenschaft und Unterricht verdrängt werden solle, sondern er wollte diese »eine dauerhafte Überlieferung garantierende europäische Universalsprache« (lingua Europaea universalis et durabilis ad posteritatem) in den Universitäten als Sprache der sogenannten öffentlichen,

nicht unbedingt der privaten Vorlesungen erhalten wissen
(»Kurzes wohlgemeintes Bedenken vom Abgang der Studien
und wie denenselben zu helfen«, Denkschrift 1711).

»Leibniz als Sprachforscher« wäre ein eigenes umfangreiches
Kapitel. Seine in Briefen, Entwürfen und in französischen
oder lateinischen Veröffentlichungen vorliegenden Bemühungen auf den Gebieten des Sprachenvergleichs und der
Sprachgeschichte, der Etymologie, Wortbildung und Grammatik sind sorgfältig ausgebreitet in dem gleichnamigen
postum erschienenen Buch Sigrids von der Schulenburg;
insbesondere seine Gedanken zu ›Sprache und Wirklichkeit‹, zum Zeichenbegriff und zur künstlichen Schaffung
einer universellen wissenschaftlichen Zeichensprache lösen
bis in die Gegenwart Diskussionen aus. – Manches in diesen
Forschungen Erarbeitete kehrt angedeutet in den beiden
Aufsätzen wieder.

Die Idee einer Akademiegründung schließlich hat ihn öfter
beschäftigt; er selbst gehörte der französischen und der
englischen Wissenschaftsakademie an und hoffte für den
deutschen Sprachbereich auf den Zusammenschluß der
schon bestehenden Naturwissenschafts- und Sprachgesellschaften zu einer Akademie. Bei der Gründung der Berliner
»Sozietät« (später »Akademie«) der Wissenschaften (1700),
an der er maßgeblich beteiligt war, kam es zu einer solchen
Vereinigung von Natur- und Geisteswissenschaften. Und
wie Leibniz schon in seiner Denkschrift »Eine deutschliebende Genossenschaft« der Sprachkultur einen beson-
deren Raum zugemessen hatte, so heißt es hier in der
von ihm mitverfaßten General-Instruktion, die Akademie
werde Sorge tragen, daß »auch die uralte deutsche Hauptsprache in ihrer natürlichen, anständigen Reinigkeit und in
ihrem Selbststand erhalten werde und nicht endlich ein
ungereimtes Mischmasch und Undeutlichkeit daraus entstehe«.

Die »Ermahnung an die Deutschen« wurde erst spät entdeckt und 1846 von Carl Ludwig Grotefend veröffentlicht;

wenn von ihr eine Wirkung ausgegangen ist, so sehr verspätet und nicht zuletzt deshalb, weil sie einiges enthält, was besonders seit 1870 in das Schatzkästlein des Chauvinismus gehörte. In der Meinerschen Ausgabe, die während des ersten Weltkriegs, 1916, erschien, werden des »völkischen Geistesführers« Weck- und Mahnreden dem deutschen Volke als Hausbuch ans Herz gelegt.

Die »Unvorgreiflichen Gedanken« wollte Leibniz selbst 1712 zusammen mit anderen sprachwissenschaftlichen Arbeiten herausgeben; sie erschienen aber erst 1717, ein Jahr nach seinem Tod, in einer Sammlung lateinischer Collectaneen zur Etymologie. Gottsched gab die »so wichtige Schrift« 1732 im ersten Band seiner *Beiträge zur kritischen Historie der deutschen Sprache* neu heraus. Ihre unmittelbare Wirkung ist im 18. Jahrhundert vielfach nachweisbar, und noch im 19. Jahrhundert wurde sie mehrfach wieder veröffentlicht. (Auch Leibniz' Idee einer deutschen Akademie wurde wiederholt aufgegriffen, von Klopstock und Herder, Uhland, von dem Freiherrn vom Stein, Grimm und Ranke.) Manche Gedanken seiner beiden Aufsätze waren Gemeingut der Zeit und begannen sich durchzusetzen, noch bevor das »unvorgreifliche« Programm von 1697 bekannt wurde und wirken konnte.

Die rapide, erstaunliche Entwicklung der deutschen Sprache im 18. Jahrhundert verdankt sich zunächst dem Umstand, daß die Universität in einigen führenden Repräsentanten seit Ende des 17. Jahrhunderts ihre Aufgabe neu definierte, daß sich mit den Ideen der Frühaufklärung das Konzept einer allgemeinen nationalen Aufklärung verband. Ein anderer Aspekt der Entwicklung ist, daß es auch im deutschen Sprachbereich zu einer »Umschichtung in der Hierarchie der Kulturträger« kam: zu einem Aufstieg des Bürgertums der Städte, zu einem Rollenwandel des bürgerlichen Schriftstellers, der – eine Art Privatunternehmer – gegenüber einem sich ständig erweiternden weiblichen und männlichen Publikum weltlicher Schriften die Funktion der allgemeinen Weltinterpretation übernahm.

Der Übergang vom Gelehrtenlatein in die deutsche Wissenschaftssprache ist vor allem an den Namen von Christian Thomasius (1655–1728) geknüpft, der zur Ostermesse 1687 am Schwarzen Brett der Leipziger Universität ein deutschsprachiges »Programm« anschlug und durch dieses völlige Novum einen Skandal hervorrief. – Auch wenn er nicht der erste war, der deutschsprachige Kollegs hielt – er war der erste, der auf dem Fundament einer ausgearbeiteten theoretischen Begründung das Deutsche als Vorlesungssprache und als Sprache der Philosophie, in einer zweibändigen *Vernunftlehre*, durchsetzte.

Eine vom barocken Satzbau entfernte moderne deutsche philosophische Prosa wurde aber erst durch Christian Wolff (1679–1754) geschaffen. Es gab vor ihm keine einheitliche philosophische und mathematische Terminologie in deutscher Sprache. Er führte sie ein und verband die Einführung stabiler deutscher Begriffe auf diesen Gebieten mit einer folgerichtigen, vernünftig durchdachten Darstellung.

Sein Einfluß war groß. Aber noch vielseitiger und entscheidender wurden die von Leibniz vorgezeichneten Linien von Gottsched ausgezogen. Auch wenn Gottsched im Rückblick einen Zug von Starrheit zu haben scheint, sein Beitrag zur Schaffung einer deutschen Standardsprache und zur Entwicklung des Prosastils ist nicht leicht zu überschätzen. Er setzte als Kulturpolitiker, durch seine *Grundlegung einer Deutschen Sprachkunst*, die allgemeine Stabilisierung der Schriftsprache auf der Basis des meißnischen Sprachgebrauchs durch und trug als Lehrer der Rhetorik, durch seine *Ausführliche Kunst der Rede*, zur Popularisierung von Stilregeln bei. Gottsched proklamierte einen Stil, der zwischen dem Hochtrabenden und dem allzu Natürlichen die Mitte hielt, kritisierte die Neigung zu philosophischer Abstraktion ebenso wie die Tendenz zu malerischer Bildlichkeit, war, sozusagen, ein Anwalt vernünftiger Lebhaftigkeit. Dichtung und Prosa traten in seinem Stilideal noch nicht auseinander.

Es gab im 18. Jahrhundert, von Zürich aus, einen anderen Entwicklungsstrang neben diesem lebhaften Rationalismus. Gottscheds Errungenschaften oder die Gellerts gingen zwar in die Entwicklung der Literatursprache ein, aber was sich dann um 1770 in der Sprache Klopstocks, Herders, Hamanns, des jungen Goethe ausgeprägt hatte, hatte noch eine andere Wurzel: religiöse Empfindsamkeit und Phantasie, Metaphorik und »erhabene Schreibart«. Auch hier gingen ästhetische Schriften, kritische Theorien der Realisierung voraus: die Wiederbelebung der Metapher durch die Zürcher Professoren Bodmer und Breitinger und ihr Eintreten für die »erhabene Schreibart«. – Den stärksten Entwicklungsschub, die sprengendste Erweiterung der Literatursprache zu neuen dynamischen, bildlichen und rhythmischen Ausdrucksmöglichkeiten brachte Klopstocks *Messias*. Unter dem Aspekt der Erweiterung des Sprachrahmens ist Klopstock singulär, und der junge Goethe war in erster Linie sein Erbe.

Am Ende des 18. Jahrhunderts steht eine im deutschen Sprachgebiet einzigartige Sprachkultur. Was sich entwickelt hat und als klassische Norm kanonisiert wird, ist aber nun nicht die von Leibniz geforderte Sachprosa, sondern in erster Linie die Sprache der Dichtung. Dichtung ist von nun ab das wichtigste Instrument der Spracherziehung, so scheint es. Im Verlauf des 19. Jahrhunderts entwickelte sich dann freilich eine oft bewunderte gemeinverständliche, allgemein bildende Fachprosa auf den verschiedensten Wissensgebieten. – Alles deutet aber darauf hin, daß die Dichtung dennoch, im Vergleich zu dem Anliegen von Leibniz, einen unverhältnismäßig höheren Stellenwert erhielt.

Verfolgen wir noch einmal den Strang der aufklärerischen Sprachkritik! – Die unmittelbarste Wirkung hatten Leibniz' »Unvorgreifliche Gedanken« wohl, wenn auch verspätet, in der Berliner Akademie. Deren sogenannte »Deutsche Depu-

tation« erreichte 1792 eine Wiederbelebung der Wörter-
buchpläne von Leibniz und schrieb einen Aufsatzwettbe-
werb über die Sprachreinigung aus, den Campe gewann.
Joachim Heinrich Campes preisgekrönte Schrift *Über die
Reinigung und Bereicherung der deutschen Sprache* (1793)
schließt sich unmittelbar an Leibniz an, verengt allerdings
Leibniz' breit angelegte Sprachkritik zu einem einseitigen
Purismus. Campes *Wörterbuch zur Erklärung und Verdeutschung der unserer Sprache aufgedrungenen fremden Ausdrücke*, das zuerst 1801 und dann noch einmal als Band 6
seiner in erklärter Rivalität zum französischen *Dictionnaire*
erstellten *Wörterbuch der deutschen Sprache* erschien, geht
davon aus, der Wortschatz der Zeit bestehe zu einem Fünftel
aus Fremdwörtern. Es enthält 11 160 Verdeutschungsversu-
che. Darunter findet man Ausdrücke wie *Dörrleiche* für
Mumie, *Purpurpfaff* für *Kardinal*, *Menschenschlächter* für
Soldat, *Wonnegefilde* für *Paradies*, oder *Erdkammer* für
Souterrain; aber daneben gibt es Wörter wie *sich eignen*,
Tageblatt, *Stelldichein*, *verwirklichen*, *Minderheit*, *dienst-
unfähig*, *gesetzgebende Versammlung*, die als Ersetzungen
von *sich qualifizieren*, *Journal*, *Rendezvous*, *realisieren*,
Minorität, *invalid*, *Legislative* zu unserem täglichen Wortschatz gehören und ihn bereichert haben, ohne allerdings
ihre angeblich ›fremden‹ Zwillingsgeschwister zu verdrän-
gen. – Campe erschien in mancher Hinsicht schon als ein
wenig hinter seinen Zeitgenossen, die w i r vor allem ken-
nen, zurückgeblieben. Seine nationalpädagogische Aufklä-
rungsarbeit, die Arbeit der Eindeutschung französischer
Wörter, die normative Wörterbucharbeit wich bald einer
anderen Sprachauffassung, der Hamann mit seinem Wort
von der »Poesie als Muttersprache des Menschengeschlechts« das Stichwort gegeben hatte.
1828 erschien anonym das oben erwähnte Buch *Über die
Sprache*. Es knüpft noch einmal, sich auf Leibniz und
Campe berufend, an den Gedanken aufklärerischer Sprachkritik an und wendet diese Kritik politisch. Der Verfasser,

Carl Gustav Jochmann (1789–1830), ein leidenschaftlicher Liberaler, Emigrant aus dem Baltikum, hält nicht allzuviel von Poesie; Poesie ist in seinen Augen vielmehr geeignet, einen Mangel an sozialem Fortschritt anzuzeigen und diesen Mangel zu kompensieren und zu übertünchen. – Das Deutschland der zwanziger Jahre des 19. Jahrhunderts ist seiner Überzeugung nach ein politisch rückständiges Land – stumm, unterentwickelt –, als untrügliches Zeichen dieser Rückständigkeit erscheint ihm die vom Volk entfernte, undurchsichtige, mehr zur Herrschaft als zur Aufklärung verwendete öffentliche politische Sprache. Kaum anders beurteilt er die Universitätssprache seiner Zeit. Seine Kritik an dieser Sprachkluft und sein Plädoyer für ein sich politisch artikulierendes Bürgertum haben ihr Vorbild nicht mehr so sehr in Frankreich, sondern in England. Dieser hochinteressante Mann stand schon fremd in seiner Zeit, ein Nachzügler der Aufklärung, der seiner Zeit in manchem weit voraus war.

Der romantische Knick, den der Sprachbegriff vor und nach 1800 erfuhr, die belastende Geschichte des deutschen Purismus und die versandete Diskussion zwischen publizistischer Sprachkritik und Sprachwissenschaft seit Ende der fünfziger Jahre haben, wie erwähnt, dazu geführt, daß die Sprachkritik bei uns einen nur geringen Stellenwert hat. – Wo lägen gegenwärtig ihre Anlässe, ihre Problemfelder? Etwas davon sei versuchsweise skizziert, um einige Analogien zur Sprachkrise des 17. Jahrhunderts und zugleich unsere Entfernung von der Ausgangssituation der Leibnizschen Sprachkritik anzudeuten. Es gibt wie im 17. Jahrhundert ein mit den Begriffen ›Politik‹ und ›Kulturgefälle‹ zu umreißende Problemfeld, eines, das mit der alten Sprachentrennung zwischen Fachwelt und Gesellschaft korrespondiert, und eines, das sich aus der sozialen Differenzierung unserer Gesellschaft und der Entwicklung der Medien ergibt.
(1) Ein Thema, das seit längerer Zeit von Sprachwissenschaftlern diskutiert wird und auch in der Publizistik der

Bundesrepublik wie der DDR ein Echo hat, ist die Frage, ob sich seit der Teilung von 1945 die Sprache in den beiden deutschen Staaten auseinanderentwickelt. – Man hat in letzter Zeit gemeint, die Literatur habe zunehmende Bedeutung erlangt als Klammer, als Bereich, in dem die Ansätze zur sprachlichen Sonderentwicklung rückgängig gemacht oder doch bedeutungslos würden.

(2) Ein zweites, gründlicher untersuchtes und anscheinend weniger besprochenes Thema ist der Einfluß der Anglizismen: es handelt sich hier um einen Entlehnungsvorgang auf breiter Ebene, der besonders in der Bundesrepublik seit 1945 zu beobachten ist. Die Westverflechtung der Bundesrepublik und speziell das Prestige der USA, die politische, ökonomische, technologische, wissenschaftliche, kulturelle Anlehnung an die Vereinigten Staaten, haben zu einer »Amerikanisierung unserer Sprache« (Schmitz) geführt, die sich zwar in einem vergleichsweise bescheidenen Rahmen hält, aber doch gewisse Parallelen zur ›Französierung‹ im 17. Jahrhundert erkennen läßt.

(3) Der Übergang vom Gelehrtenlatein zur Volkssprache hat ein doppeltes Problem entstehen lassen. Auf der einen Seite hat die allgemeinverständliche Fassung wissenschaftlicher Konzepte nicht selten einen gefährlichen Zug, an ihrer Popularisierung wird so etwas wie eine Dialektik der Aufklärung erkennbar. Wissenschaftliche Theorien wie die von Marx, Darwin, Freud verkommen in ihrer populären Form nicht selten zur Karikatur, zu einer Bevormundung des Denkens durch ein nur kleines Instrumentarium ›wissenschaftlicher‹ Schlüssel- und Schlagwörter, ein Prozeß, an dem die Sprache ihrer Urheber nicht ganz unbeteiligt zu sein scheint.

(4) Auf der anderen Seite gibt es das vielleicht noch viel größere Problem der Entfernung der volkssprachigen, der deutschen Fachsprachen von der Gemeinsprache. Seit dem 18. Jahrhundert ist eine zunehmende Differenzierung der Fachsprachen, eine Auffächerung in Disziplinen und Teil-

disziplinen zu beobachten und eine explosionsartige Entwicklung der Fachwortschätze. Man rechnet zur Zeit mit einer Verdopplung des lexikonwürdigen Wissens in Zeitabständen von 4 bis 5 Jahren. – Dieser beschleunigte Prozeß führt zu erheblichen Verständigungsbarrieren: Die Gruppen, die sich über ein Teilgebiet verständigen können, werden zunehmend kleiner, und die Zahl der von der Kommunikation Ausgeschlossenen wird immer größer.

In die sich erweiternde Kluft tritt als sprachinterne Überbrückungsinstanz eine Gattung, die inzwischen 80 % des Buchmarkts ausmacht: die populäre Sachliteratur. Die Sprachwissenschaft ist an diesem Übersetzungsvorgang überhaupt nicht beteiligt. Das ist auffällig. Es ist aber sehr die Frage, ob das interdisziplinäre Wörterbuch, das Harald Weinrich 1975 vorgeschlagen hat – man erinnert sich an Leibniz' Lexikon der Kunstwörter – und das seither diskutiert wird, angesichts der Geschwindigkeit, mit der sich gegenwärtig das Wissen erweitert und der Langsamkeit, mit der Philologen ein Wörterbuch zu erstellen pflegen, die Chance hätte, zu einem Zeitpunkt zu erscheinen, wo es nicht schon veraltet wäre.

Die Explosion der Fachsprachen begünstigt das, was Leibniz den »homerischen Nebel« nannte. – Der Übergang von der Wissenschaft zur Pseudowissenschaft wird in einer Zeit so weitgehender Sprachdifferenzierung fließend und schwer erkennbar. Hochstapelei gehört – von der Sprachentwicklung begünstigt – zur Signatur der Zeit.

(5) Die Differenzierung der Gesamtsprache in Teilsprachen ist überhaupt ein Kennzeichen der Gemeinsprache – sie scheint aber seit dem Ende des 19. Jahrhunderts zuzunehmen. »Manchmal scheint es so, als wolle die List einer seltsamen Unvernunft uns auf dem Umweg über die Sprache wieder in eine mittelalterliche Zunftgesellschaft zurückverwandeln«, sagte Gustav Heinemann bei der Einweihung des Literaturarchivs in Marbach (16. Mai 1973). Auch er hatte aber nur die sogenannte ›Fremdwörterei‹ im Auge, die doch

lediglich ein Teilaspekt ist, wenn heute ein Gerichtsurteil oder die Wirtschaftsnachrichten, die Stromrechnung oder das Formular der Lohnsteuererklärung schwer verständlich sind.

(6) Ein anderes Problemfeld wird erkennbar, wenn man sich die Folgen der technisierten Sprachproduktion überlegt. Die technischen Erfindungen begünstigen die Eile der Sprachproduktion, und die Eile verführt dazu, wie schon Leibniz bemerkt hat, daß zu bewährten Mustern und stereotypen Wendungen gegriffen wird. Das hat den Vorteil der Ökonomie, aber den Nachteil, daß das jeweils neu in der Sprache Mitzuteilende in einer vorfabrizierten griffigen Sprache, in ›Phrasen‹ verarbeitet wird. Die Sprache als öffentliches Medium scheint zu einer eigendynamischen Fertigware geworden. »Die Welt ist taub vom Tonfall. Ich habe die Überzeugung, daß die Ereignisse sich gar nicht mehr ereignen, sondern daß die Klischees selbsttätig fortarbeiten«, schrieb Karl Kraus in Pro domo et mundo. Diese Verselbständigung der öffentlichen Sprache im Zeitalter ihrer täglichen vielfältigen Reproduktion wirkt sich so aus, daß die Wirklichkeit selbst zur papiernen Phrase wird: in ihrer Tatsächlichkeit unerlebbar. »Die Sache ist von der Phrase angefault. Die Zeit stinkt schon von der Phrase.«

Sprachdifferenzierung und Verselbständigung der Sprache erscheinen also als die größten Problemfelder gegenwärtiger Sprachkritik, und einige Vorschläge von Leibniz als aktuell und prüfenswert. Wäre es z. B. nicht richtig, Leibniz' Gedanken der sprachbildenden und vereinheitlichenden Wirkung der Sachprosa mehr als bisher zu beherzigen und einmal einen Kanon vorbildlicher »Kernschriften« aufzustellen, einen Katalog hervorragender politischer, technischer, wissenschaftlicher, insbesondere auch naturwissenschaftlicher Prosa?

Leibniz sprach von »Reichtum«, »Reinigkeit« und »Glanz« als den Idealen, an denen sich eine Sprachkultur messen solle. Es wäre reizvoll, zu überlegen, welches in der Gegen-

wart die drei Eigenschaften einer vollkommenen Sprache
wären. Vermutlich müßte man weniger, als er es tat, von
dem Wortschatz, und mehr von seiner Verwendung
ausgehen. Man käme dann zu einer Trias wie ›Spannweite‹,
›Genauigkeit‹ und ›Energie‹.

Dichtungstheorie der Aufklärung und Klassik

IN RECLAMS UNIVERSAL-BIBLIOTHEK

Bodmer, Johann Jakob / Breitinger, Johann Jakob, Schriften zur Literatur. Herausgegeben von Volker Meid. 9953 [5]

Empfindsamkeit. Theoretische und kritische Texte. Herausgegeben von Wolfgang Doktor und Gerhard Sauder. 9835 [3]

Gellert, Christian Fürchtegott, Die zärtlichen Schwestern. Lustspiel. Im Anhang: Chassirons und Gellerts Abhandlungen über das rührende Lustspiel. Herausgegeben von Horst Steinmetz. 8973 [2]

Gerstenberg, Heinrich Wilhelm von, Ugolino. Tragödie. Mit einem Anhang und einer Auswahl aus den theoretischen und kritischen Schriften. Herausgegeben von Christoph Siegrist. 141 [2]

Gottsched, Johann Christoph, Schriften zur Literatur. Herausgegeben von Horst Steinmetz. 9361 [5]
– Sterbender Cato. Im Anhang: Auszüge aus der zeitgenössischen Diskussion über Gottscheds Drama. Herausgegeben von Horst Steinmetz. 2097 [2]

Hamann, Johann Georg, Sokratische Denkwürdigkeiten. Aesthetica in nuce. Mit einem Kommentar herausgegeben von Sven-Aage Jørgensen. 926 [3]

Herder, Johann Gottfried, Abhandlung über den Ursprung der Sprache. Herausgegeben von Hans Dietrich Irmscher. 8729 [2]
– Journal meiner Reise im Jahr 1769. Hist. krit. Ausgabe. Herausgegeben von Katharina Mommsen unter Mitarbeit von Momme Mommsen und Georg Wackerl. 9793 [4]
– Von der Urpoesie der Völker (Shakespeare. Über Ossian und die Lieder alter Völker. Über Volkslieder. Über das Buch Hiob). Auswahl und Einleitung von Konrad Nussbächer. 7794
– Von deutscher Art und Kunst. Einige fliegende Blätter. Von Johann Gottfried Herder, Johann Wolfgang Goethe und Justus Möser. Herausgegeben von Hans Dietrich Irmscher. 7497 [3]

Lessing, Gottfried Ephraim, Briefe, die neueste Literatur betreffend. Herausgegeben und kommentiert von Wolfgang Bender. 9339 [7]

Philipp Reclam jun. Stuttgart

Französische Poetiken

Teil I

Texte zur Dichtungstheorie
vom 16. bis zum Beginn des 19. Jahrhunderts

Herausgegeben von Frank-Rutger Hausmann,
Elisabeth Gräfin Mandelsloh und Hans Staub. 310 Seiten. 9789 [4]

Der Band enthält Texte von: Deschamps: Lehre von der Kunst des Dichtens (1392) – Rabelais: Pantagruel (1532) – Peletier du Mans: Vorrede zur Poetik des Horaz... (1544/1545); Poetik (1555) – Sebillet: Französische Poetik (1548) – Du Bellay: Verteidigung der französischen Sprache ... (1549) – Ronsard: Kleine französische Poetik (1565); Vorrede zur »Franciade« (1587) – Montaigne: Essais (undatiert) – Deimier: Handbuch der Dichtkunst (1610) – Mairet: Silvanire ... Vorrede (1631) – Vaugelas: Bemerkungen über die französische Sprache ... (1647) – D'Aubignac: Die Kenntnis der Bühne (1657) – Corneille: Drei Traktate über die dramatische Dichtung (1660) – Racine: Vorrede zu Bérénice (1671) – Richelet: Französische Verslehre (1672) – Boileau: Poetik (1674) – Perrault: Vergleich zwischen den Alten und den Modernen ... (1688–1697) – Fénelon: Brief an die Akademie (1714/1716) – Dubos: Kritische Betrachtungen über die Poesie und Malerei (1719) – Vauvenargues: Fragmente. Über die Dichtung und die Beredsamkeit (undatiert) – Batteux: Einschränkung der schönen Künste auf einen einzigen Grundsatz (1746); Von der Anordnung der Rede (1763) – Diderot: Unterredungen über das Drama »Der natürliche Sohn« (1757); Von der dramatischen Dichtkunst (1758) – Marmontel: Dichtkunst (1763/1787) – Rivarol: Abhandlung über die Universalität der französischen Sprache (1784); Maximen von Rivarol (undatiert) – Chénier: Über Ursache und Wirkung der Vervollkommnung und des Verfalls der Literatur und der Künste (undatiert) – Marquis de Sade: Gedanken zum Roman (1799/1800) – Joubert: Gedanken, Versuche und Maximen (undatiert) – Madame de Staël: Deutschland (1810–1813)

Philipp Reclam jun. Stuttgart

Französische Poetiken

Teil II

Texte zur Dichtungstheorie von Victor Hugo bis Paul Valéry

Herausgegeben von Frank-Rutger Hausmann,
Elisabeth Gräfin Mandelsloh und Hans Staub. 415 Seiten. 9790 [5]

Der Band enthält Texte von: Hugo: Vorrede zu »Cromwell«
(1827/1828); Vorrede zur ersten Ausgabe von »Les Orientales«
(1829) – Deschamps: Vorwort zur »Sammlung französischer und
fremdsprachiger Dichtungen« (1828) – Balzac: Vorwort zu »Das
Chagrinleder« (1831); Vorrede zur »Menschlichen Komödie« (1842)
– Lamartine: Die Bestimmung der Poesie (1834) – Gautier: Vorrede
zu den Gedichten (1832/1833); Vorrede zu »Mademoiselle de Mau-
pin« (1834/1835) – Baudelaire: Besprechung des Salon von 1846;
Weltausstellung von 1855; Besprechung des Salon von 1859; Der
Maler des modernen Lebens (1863); Neue Bemerkungen über Edgar
Poe (1857); Théophile Gautier (1859); Victor Hugo (1861); Noti-
zen, Entwürfe für eine Vorrede für »Die Blumen des Bösen«;
Widmung der »Kleinen Gedichte in Prosa« (1862); Raketen; Mein
entblößtes Herz – Flaubert: Briefe (1846–1880) – Leconte de Lisle:
Vorwort zu den »Poëmes antiques« (1852); Besprechung der zwei-
ten Ausgabe der »Fleurs du mal« (1861); Die Dichter unserer Zeit.
Vorrede (1864) – Banville: Kleine Abhandlung über die französische
Dichtkunst (1872) – Rimbaud: Briefe (1871); Eine Zeit in der Hölle
(1873) – Mallarmé: Ketzereien, die Kunst betreffend. Die Kunst für
alle (1862); Musik und Literatur (1895); Abschweifungen
(1892–1897); Fragmente und Notizen (1865–1895) – Huysmans:
Gegen den Strich (1884) – Mockel: Bemerkungen zu literarischen
Fragen (1894) – Kahn: Vorwort über den freien Vers (1897) – Zola:
Der Experimental-Roman (1880); Der naturalistische Roman in
Frankreich (1881) – Maupassant: Der Roman (1887) – Proust: Auf
der Suche nach der verlorenen Zeit (1927) – Claudel: Betrachtungen
und Gedanken über den französischen Vers (1925) – Valéry: Über
das Sprechen von Versen (1926); Dichtkunst und abstraktes Denken
(1939); Notizbuch eines Dichters (1928); Poésie pure (1928)

Philipp Reclam jun. Stuttgart

Anthologien

Deutsche Anekdoten. Herausgegeben von Jürgen Hein. 9825[5] – auch gebunden, Format 12×19 cm

Deutsche Aphorismen. Herausgegeben von Gerhard Fieguth. 9889[5] – auch gebunden, Format 10×16 cm

Deutsche Balladen. Herausgegeben von Konrad Nussbächer. 8501[7] – auch gebunden, Format 10×16 cm

Deutsche Epigramme. Herausgegeben von Gerhard Neumann. 8340[4] – auch gebunden, Format 10×16 cm

Kalendergeschichten. Mit 47 Abbildungen. Herausgegeben von Winfried Theiß. 9872[5] – auch gebunden, Format 12×19 cm

Deutsche Liebeslyrik. Herausgegeben von Hans Wagener. 7759[5] – auch gebunden, Format 10×16 cm

Deutsche Parabeln. Herausgegeben von Josef Billen. 7761[4]

Deutsches Rätselbuch. Herausgegeben von Volker Schupp. 9405[5]

Deutsche Reden. Herausgegeben von Walter Hinderer. Band 1 9672[7], Band 2 9679[7]

Deutsche Schwänke. Herausgegeben von Leander Petzoldt. 9954[5] – auch gebunden, Format 12×19 cm

Deutsche Sonette. Herausgegeben von Hartmut Kircher. 9934[6] – auch gebunden, Format 10×16 cm

Philipp Reclam jun. Stuttgart